प्रतीकात्मक तर्कशास्त्र प्रवेशिका

[An Introduction to Symbolic Logic]

[भाग-1]

AF897236

अशोक कुमार वर्मा

डी॰लिट्

प्रोफेसर तथा अध्यक्ष (अ॰प्रा॰)

पटना विश्वविद्यालय

पटना

मोतीलाल बनारसीदास

दिल्ली, मुम्बई, चेन्नई, कोलकाता,

बंगलूरू, वाराणसी, पटना

दशम् पुनर्मुद्रण: दिल्ली, **2016**
आठवाँ संशोधित संस्करण: 1996

ISBN: 978-81-208-2794-3

मोतीलाल बनारसीदास

41 यू.ए. बंगलो रोड, जवाहर नगर, दिल्ली 110 007
236 नाइंथ मेन, III ब्लॉक, जयनगर, बंगलूरू 560 011
8 महालक्ष्मी चैम्बर, 22, भुलाभाई देसाई रोड, मुम्बई 400 026
203 रायपेट्टा हाई रोड, मैलापोर, चेन्नई 600 004
8 कैमेक स्ट्रीट, कोलकाता 700 017
अशोक राजपथ, पटना 800 004
चौक, वाराणसी 221 001

आर.पी. जैन के द्वारा एन ए बी प्रिंटिंग यूनिट,
ए-44, नारायणा, फेज़-1, नई दिल्ली 110 028 में मुद्रित
एवं जे.पी. जैन द्वारा मोतीलाल बनारसीदास
41 यू.ए., बंगलो रोड, जवाहर नगर, दिल्ली-110 007, के लिए प्रकाशित

दो शब्द

उन्नीसवीं शताब्दी तक अरस्तूयी तर्कशास्त्र के लम्बे इतिहास ने अपने क्षेत्र में एकाधिकार जमा लिया था। तर्कशास्त्र और अरस्तूयी तर्कशास्त्र पर्यायवाची माने जाने लगे थे। बीसवीं शताब्दी में पहली बार अरस्तूयी तर्कशास्त्र के मौलिक सिद्धान्तों का प्रत्ययवादियों ने तथा उपयोगितावादियों ने विरोध किया। इसके अतिरिक्त, जैसे-जैसे विज्ञान की प्रगति हुई तो यह स्पष्ट होने लगा कि अरस्तू के सिद्धान्त गलत भले ही न हों पर अपर्याप्त अवश्य हैं। फलतः तर्कशास्त्र की एक नई विधा का जन्म हुआ जिसे प्रतीकात्मक तर्कशास्त्र कहा जाता है। प्रतीकात्मक तर्कशास्त्र ने प्रत्ययवादियों तथा उपयोगितावादियों के दृष्टिकोणों को नकारा और अरस्तूयी तर्कशास्त्र को आधार मानकर तर्कशास्त्र को विकसित किया। अतः प्रतीकात्मक तर्कशास्त्र अरस्तूयी तर्कशास्त्र का विरोध नहीं करता, उसकी कमियों की आपूर्ति करता है तथा उसे विकसित करता है।

प्रायः पिछले चार-पाँच दशक पहले दो-चार भारतीय विश्वविद्यालयों में दर्शनशास्त्र के पाठ्यक्रम में प्रतीकात्मक तर्कशास्त्र का प्रवेश हुआ। धीरे-धीरे यहाँ के अन्य विश्वविद्यालयों के विद्वानों का भी ध्यान इस ओर आकृष्ट हुआ। पर दर्शनशास्त्र की अन्य शाखाओं पर उन्होंने जितने ग्रन्थों की रचना की है उनकी तुलना में प्रतीकात्मक तर्कशास्त्र की बहुत कम पुस्तकें लिखी गई हैं और हिन्दी में तो उनकी संख्या नगण्य है। अपने अध्यापन के क्रम में मुझे ऐसा अनुभव हुआ कि यह विषय विद्यार्थियों को दर्शनशास्त्र की अन्य शाखाओं की भाँति सरल नहीं प्रतीत होता। मैंने प्रयास किया है कि सरल भाषा में इस विषय की व्याख्या कर दूँ। पुस्तक की रचना विश्वविद्यालयों के पाठ्यक्रम को ध्यान में रखकर की गई है। सम्पूर्ण पुस्तक को दो भागों में बाँट दिया गया है। पहले भाग में पाश्चात्य तर्कशास्त्र का परिचय तथा प्रतीकात्मक तर्कशास्त्र के आधारभूत सिद्धान्तों की व्याख्या की गई है। स्नातक वर्ग के लिए पहला भाग पर्याप्त है। दूसरा भाग स्नातकोत्तर वर्ग के विद्यार्थियों के लिए है।

पुस्तक की रचना में मेरे दो शिष्यों ने, जो अब पटना विश्वविद्यालय के वरिष्ठ अध्यापक हैं, डॉ॰ इन्द्रदेव नारायण सिन्हा तथा डॉ॰ शत्रुघ्न झा, मुझे कई सुझाव दिए हैं। मेरे पुराने छात्र, डॉ॰ सुनील मिश्र, अध्यापक, बरौनी कॉलेज, ने हस्तलिपि तैयार करने का कष्ट किया है। मेरे शोध छात्र विनोद कुमार सिन्हा ने प्रूफ पढ़ने में मेरी सहायता की है। यूँ तो प्रतीकात्मक तर्कशास्त्र की कई रचनाओं की सहायता मैंने ली है, पर आइ॰ एम॰ कोपी का Symbolic Logic ही मेरी पुस्तक का आधार रहा है। मैं सभी का आभारी हूँ।

I/C, राजेन्द्रनगर
पटना—16
12-10-1986

—अशोक कुमार वर्मा

आठवां संस्करण

यह आठवाँ संस्करण है। प्रतीकात्मक तर्कशास्त्र को और भी सरल बनाने के लिए कुछ अन्य उदाहरण जोड़े गए हैं।

I/C, राजेन्द्र नगर
पटना—800 016
07-07-1996

—अशोक कुमार वर्मा

नवम् संस्करण

यह नवाँ संशोधित संस्करण है। प्रतीकात्मक तर्कशास्त्र को और भी सरल बनाने के लिए कुछ अन्य उदाहरण भी सम्मिलित कर दिये गये हैं प्रत्येक परिच्छेद के अन्त में वस्तुनिष्ठ प्रश्न भी दे दिए गए हैं।

I/C, राजेन्द्र नगर
पटना—800 016
26-01-2008

—अशोक कुमार वर्मा

विषय-सूची

पहला परिच्छेद
परिचय
(Introduction)

दूसरा परिच्छेद
परम्परावादी तर्कशास्त्र के मुख्य सिद्धान्त
(Main Principles of Traditional Logic)

तीसरा परिच्छेद
प्रतीकात्मक तर्कशास्त्र
(Symbolic Logic)

चौथा परिच्छेद
यौगिक तर्कवाक्य
(Compound Statements)

पाँचवाँ परिच्छेद
यौगिक तर्कवाक्यों की युक्तियाँ
(Arguments Containing Compound Statements)

❑

पहला परिच्छेद

परिचय
(INTRODUCTION)

1.1 परिचय

1.2 तर्कशास्त्र क्या है ?

1.3 तर्कशास्त्र का विकास

- **(i) पारम्परिक तर्कशास्त्र** *(Traditional Logic)*
- **(ii) तात्विक तर्कशास्त्र** *(Metaphysical Logica)*
- **(iii) व्यावहारिकतावादी तर्कशास्त्र** *(Pragmatic Logic)*
- **(iv) तर्कगणित सम्प्रदाय** *(Mathematicsl School)*
- **(v) प्रतीकात्मक तर्कशास्त्र** *(Symbolic Logic)*

पहला परिच्छेद

परिचय
(INTRODUCTION)

1. 1. परिचय

हमारे बहुत-से विश्वास ऐसे होते हैं जिनके विषय में न स्वयं कभी शंका होती है और न कोई अन्य व्यक्ति शंका करता है कि दोनों हाथों में मुझे दस अंगुलियाँ हैं, कि हमारे हाथ में अभी कलम है, कि मैं कुर्सी पर बैठा हुआ हूँ, कि मेरे हाथ में पुस्तक हैं—ये ऐसे विश्वास है कि जिनके विषय में मुझे कभी शंका नहीं होती है, न ही किसी दूसरे को। यदि कोई शंका करे भी तो प्रत्यक्ष के द्वारा उन्हें प्रमाणित कर दिया जाता है। यदि किसी मनुष्य को यह शंका हो कि मेरे हाथ में जो सामग्री है वह कलम है तो उसे उस कलम को दिखा कर प्रमाणित कर दिया जाता है। यदि किसी को शंका हो कि मेरे हाथ में दस अंगुलियाँ हैं तो उसे अपने हाथ की अंगुलियों की गिनती करा के प्रमाणित कर देते हैं कि दस अंगुलियाँ हैं। परन्तु, हमारे या आपके सभी विश्वासों को इस प्रकार प्रमाणित नहीं किया जा सकता। यदि मैं यह कहूँ कि पृथ्वी गोल है और आपको शंका हो या मैं यह कहूँ कि यह पशु कभी-न-कभी मरेगा और आपको शंका हो तो इन्हें हाथ की अंगुलियों या हाथ की कलम की भाँति दिखला कर अर्थात् प्रत्यक्ष के द्वारा प्रमाणित नहीं किया जा सकता। इन्हें प्रमाणित करने के लिए कुछ अन्य वाक्यों को साक्ष्य के रूप में देना पड़ता है। जैसे—

यह पशु कभी-न-कभी मरेगा अर्थात् मरणशील है,
क्योंकि, यह एक प्राणी है; ... (1)
और सभी प्राणी मरणशील होते हैं। ... (2)

यदि (1) और (2) सत्य हों तो उनसे यह प्रमाणित होता है कि 'यह पशु मरणशील हैं'। (1) और (2) प्रमाण हैं 'यह पशु मरणशील हैं' वाक्य के।

कोई प्रकथन या वाक्य प्रमाण तभी होता है जब उससे सिद्ध किया जानेवाला वाक्य निगमित हो। कभी-कभी कोई वाक्य प्रमाण के समान प्रतीत होता है पर, वास्तव में वह वाक्य जो उसके आधार पर सिद्ध किया जाता है, सिद्ध नहीं होता।

जैसे—

मुहम्मद राम का सम्बन्धी नहीं है, ... (1)
श्याम मुहम्मद का सम्बन्धी नहीं है, ... (2)
अतः श्याम राम का सम्बन्धी नहीं है।

'श्याम राम का सम्बन्धी नहीं है', सिद्ध करने के लिए जिन वाक्यों को प्रमाण माना गया है, उनसे वैसा प्रमाणित नहीं होता। ऐसा सम्भव है कि राम और श्याम भाई हों अर्थात्

यदि दोनों सम्बन्धी हैं तब भी यह कहा जा सकता है कि 'मुहम्मद (यदि मुहम्मद से वास्तव में उनलोगों का सम्बन्ध नहीं हो) 'राम का सम्बन्धी नहीं है' और 'श्याम मुहम्मद का सम्बन्धी नहीं है'। (1) तथा (2) वाक्यों पर यह वाक्य कि 'राम श्याम का सम्बन्धी नहीं है' निर्भर नहीं है। इसलिए, इस प्रकार की युक्ति शुद्ध नहीं है। ऐसी युक्तियों में किसी वाक्य को सिद्ध करने के लिए प्रमाण के रूप में जिन वाक्यों का प्रयोग होता है उनसे वह वाक्य निगमित नहीं होता है। यहाँ दो प्रश्न उठते हैं,

(i) क्या ऐसे नियम हैं जिनके आधार पर यह ज्ञात हो कि अमुक युक्ति शुद्ध है?
(ii) क्या इन नियमों का अध्ययन करने के लिए अन्य विज्ञानों से पृथक कोई विज्ञान है?

दोनों का उत्तर 'हाँ' है। ऐसे नियम हैं और उन नियमों का अध्ययन तर्कशास्त्र में होता है।

1.2 तर्कशास्त्र क्या है?

तर्कशास्त्र की अनेक परिभाषाएँ दी गई हैं। सभी परिभाषाओं का परीक्षण यहाँ सम्भव नहीं है; पर इतना अवश्य कहा जा सकता है कि तर्कशास्त्र का सम्बन्ध युक्तियों के वर्गीकरण से है, जिससे शुद्ध और अशुद्ध युक्तियों का भेद ज्ञात हो। संक्षेप में यह कहा जा सकता है कि तर्कशास्त्र में उन नियमों तथा प्रणालियों का अध्ययन किया जाता है जिनके प्रयोग से शुद्ध और अशुद्ध युक्तियों में भेद किया जा सके। पर, इसका यह अर्थ नहीं लगाना चाहिए कि जिसने तर्कशास्त्र का अध्ययन नहीं किया है वह शुद्ध और अशुद्ध युक्तियों में भेद नहीं कर सकता या कि जिसने तर्कशास्त्र का अध्ययन किया है केवल वहीं इस भेद को जानता है। ऐसे अनेक उदाहरण मिलते हैं जब विख्यात तर्कशास्त्रियों ने भी अशुद्ध युक्तियों का प्रयोग किया है। सुखवाद के समर्थन में मिल (Mill) के द्वारा दिए गए प्रमाण अशुद्ध हैं।

जिस प्रकार जिसे देखा जाय वह दृश्य है,
जो सुना जाय, वह श्रव्य है,
उसी प्रकार, जो इच्छा की जाय, वह इच्छनीय है।
अर्थात् सुख की इच्छा की जाती है, अतः सुख इच्छनीय है।

स्पष्ट है कि दृश्य और इच्छनीय दोनों शब्दों के अर्थ में अन्तर है। ऐसा नहीं माना जा सकता है कि जो इच्छा की जाती है, जैसे शराब, तो शराब को इच्छनीय माना जाय।

यदि तर्कशास्त्र का अध्ययन किसी को इस तथ्य की गारंटी देता कि उसकी युक्ति कभी अशुद्ध नहीं होगी तो फिर तर्कशास्त्रियों से ऐसी भूलें क्यों होती? पर इसका यह भी अर्थ नहीं है कि तर्कशास्त्र के अध्ययन से कोई लाभ नहीं है। इतना तो अवश्य है कि इसके अध्ययन से शुद्ध और अशुद्ध युक्तियों में भेद करने में सहायता मिलती है। कहा गया है कि तर्कशास्त्र सृजनात्मक (creative) तो नहीं पर सुधारात्मक (corrective) अवश्य है। यह तर्कशक्ति का सृजन नहीं करता पर तर्कों में सुधार अवश्य लाता है। सुधार की शक्ति विभिन्न तरीकों से बढ़ती है।

(i) शुद्ध युक्तियों के नियमों का अध्ययन कर उन नियमों का विभिन्न उदाहरणों में अभ्यास करके; इसीलिए तर्कशास्त्र को सैद्धान्तिक और व्यावहारिक दोनों अर्थात् विज्ञान और कला दोनों, माना गया है।

(ii) दूसरी बात यह है कि तर्कशास्त्र के अध्ययन से, विशेष रूप से प्रतीकात्मक तर्कशास्त्र के किसी निश्चित विज्ञान की भाँति तर्कना (reasoning) में प्रवीणता बढ़ती है।

(iii) इसके अध्ययन से किसी भी युक्ति की वैधता के परीक्षण की विधि का ज्ञान होता है।

भले ही तर्कशास्त्र हममें तर्कबुद्धि का सृजन नहीं कर सकता पर यदि हम युक्तियो के दोषों को पहचानने में अभ्यस्त हो जायँ तो स्वयं उन दोषों में पड़ जाने की सम्भावना कम हो जाती है।

कुछ विद्वानों ने तर्कशास्त्र की तर्कना (reasoning) का विज्ञान कहा है। इस परिभाषा से तर्कशास्त्र के स्वरूप की कुछ झलक तो मिलती है पर यह अस्पष्ट है। 'तर्कना' उस प्रकार का चिन्तन हैं जिसे अनुमान करना कहा जाता है, जिसमें आधार-वाक्यों से निष्कर्ष निकाले जाते हैं। पर 'तर्कना', 'चिन्तन' की भाँति तर्कशास्त्र का ही मात्र वस्तु-विषय नहीं, मनोविज्ञान का भी है। मनोविज्ञान में 'चिन्तन' तथा 'तर्कना' के स्वरूप का अध्ययन किया जाता है। उसमें तर्कना क्रिया में सन्निहित सभी मानसिक क्रियाओं की व्याख्या होती है। उसका मूल प्रश्न है कि तर्कना-क्रिया कैसे होती है। तर्कशास्त्र इससे सम्बन्धित नहीं है कि तर्कना-क्रिया कैसे होती है अपितु तर्कना-क्रिया के द्वारा निकाले गए परिणामों की शुद्धता से। इसका मूल प्रश्न है कि प्रयुक्त या माने हुए आधार-वाक्यों से जो निष्कर्ष निकाला गया है वह निगमित होता है या नहीं। यदि उस निष्कर्ष के आधार-वाक्य उसे सिद्ध करने के लिए पर्याप्त हैं या यदि उन आधार वाक्यों के अभिकथन का अर्थ है, उस निष्कर्ष का आवश्यक रूप से अभिकथन, तब उस तर्कना को शुद्ध कहा जाता है, अन्यथा नहीं।

जैसे—

यह पशु एक प्राणी है, ... (1)
और, सभी प्राणी मरणशील हैं; ...(2)
अतः, यह पशु मरणशील है। ... (3)

इस तर्कना में (1) और (2) आधार-वाक्य हैं और (3) निष्कर्ष। 'यह पशु एक प्राणी है' और 'सभी प्राणी मरणशील है', इन दो वाक्यों के अभिकथन से 'यह पशु मरणशील है' वाक्य आवश्यक रूप से जुड़ा हुआ है। यह एक शुद्ध तर्कना है। तर्कशास्त्र का सम्बन्ध तर्कना के परिणामों की शुद्धता-अशुद्धता से है। तर्कना का विषय चाहे जो हो पर तर्कशास्त्र उन सभी से सम्बन्धित नहीं है; यह मात्र उनकी शुद्धता-अशुद्धता से सम्बद्ध है।

1.3 तर्कशास्त्र का विकास

(i) पारम्परिक तर्कशास्त्र (Traditional Logic)

मनुष्य स्वभाव से ही चिन्तनशील है। जब भी कोई समस्या खड़ी होती है तब वह उसके समाधान के लिए चिन्तन करता है। जब वह बहुत दूर जंगल में धुआँ उठता हुआ देखता है तो उसे जिज्ञासा होती है। वह चिन्तन करता है। चिन्तन के क्रम में वह अपने पूर्वज्ञान को इस अनुभव से सम्बन्धित करता है। उसे यदि पूर्वज्ञान है कि 'जहाँ धुआँ है, वहाँ अवश्य आग होती है', तो इसे अपने अनुभव से कि 'वहाँ जंगल में धुआँ है' सम्बन्धित कर निष्कर्ष निकालता है कि 'वहाँ जंगल में आग है'। कभी उसके निष्कर्ष शुद्ध होते हैं और कभी अशुद्ध भी। पश्चिम में सर्वप्रथम अरस्तू ने तर्कना में तर्क-वाक्यों के आकार

के महत्त्व को समझा और यह माना कि सभी नियम आकारिक होते हैं। उसने यह विचारा कि किन नियमों के पालन करने से निष्कर्ष शुद्ध या अशुद्ध होते हैं। उसने उन सिद्धान्तों को व्यवस्थित कर उन्हें एक विज्ञान का रूप दिया। इसे ही तर्कशास्त्र कहा है। इसीलिए अरस्तू को पाश्चात्य तर्कशास्त्र का जनक माना जाता है।

लगभग दो हजार वर्षों तक अरस्तू के तर्कशास्त्र में कोई मौलिक परिवर्तन नहीं हुआ। मध्यकालीन युग में या पोर्टरॉयल तर्कशास्त्र में जो कुछ भी हुआ वह उन सिद्धान्तों के अनुरूप ही, पर मुख्यतः वही तर्कशास्त्र प्रचलित रहा और मान्य भी। वर्तमान काल में भी 19वीं सदी तक उसके विचारों में कुछ संशोधन अवश्य हुए पर वे ही भविष्य के तर्कशास्त्र के आधार रहे। इसीलिए अरस्तूयी तर्कशास्त्र को मध्ययुगीन तर्कशास्त्र, पोर्ट-रॉयल तर्कशास्त्र तथा पारम्परिक तर्कशास्त्र (traditional logic) का आधार कहा जाता है।

अरस्तू पाश्चात्य तर्क़शास्त्र का जनक माना जाता है। हजारों वर्ष तक अरस्तू के तर्कशास्त्र सम्बन्धी विचारों में कोई मौलिक परिवर्तन नहीं हुआ। अरस्तू के प्रति आदर की भावना से उसके ऐसे विचारों में भी, जो अधूरे या दोषपूर्ण थे, कोई परिवर्तन की चेष्टा नहीं हुई। इसलिए प्रारम्भिक तर्कशास्त्र वास्तव में अरस्तूयी तर्कशास्त्र है। उसकी निम्नलिखित विशेषताएँ हैं:—

(i) अरस्तू का तर्कशास्त्र कुछ आवश्यक मान्यताओं (postulates) पर आधारित है। अरस्तू ने उन्हें तर्कना का मौलिक नियम कहा है। उनकी संख्या तीन है,

(क) तादात्म्य नियम *(Law of Identity)*—इस नियम का अर्थ है कि कोई पदार्थ जैसे है वैसा है अर्थात् वह स्वयं से भिन्न नहीं हो सकता, जैसे, A is A।

इस नियम का सम्बन्ध 'अर्थ' से है। यदि किसी पद का किसी चिन्तन में एक अर्थ में प्रयोग हुआ हो तो उस चिन्तन में इसका वही अर्थ होगा, दूसरा नहीं। इस नियम के उल्लंघन से चिन्तन में दोष आ जायेगा।

(ख) विरोध नियम *(Law of Contradiction)*—इस नियम का अर्थ है कि दो परस्पर विरोधी पदार्थ एक साथ सत्य नहीं हो सकते। A एक साथ B और not-B नहीं हो सकता। यह चिन्तन विकल्प के रूप में है। इससे अशुद्ध युक्तियों का अस्वीकरण सरल हो जाता है।

(ग) अनन्य नियम *(Law of Excluded Middle)*—इस नियम का अर्थ है कि दो परस्पर विरोधी पदार्थों में एक अवश्य सत्य होगा। A अवश्य ही B होगा या not-B। यह नियम विरोध-नियम का भावात्मक पक्ष है।

अरस्तू के अनुसार सभी अनुमानों का इन नियमों पर आधारित होना आवश्यक है।

(ii) पारम्परिक तर्कशास्त्र के अनुसार का

(क) अनुमान के घटक तार्किक वाक्य हैं और तर्कवाक्यों के प्रत्यय (ideas)।

सभी फूल सुन्दर हैं, (1)

गुलाब एक फूल है; (2)

अतः, गुलाब सुन्दर है। (3)

(1), (2) और (3) तार्किक वाक्य हैं। वे ही इस अनुमान के घटक हैं। भाषा में व्यक्त निर्णय को तर्कवाक्य कहा जाता है। निर्णय सत्य या असत्य होते हैं।

निर्णय के घटक प्रत्यय (ideas) हैं। जब दो या दो से अधिक प्रत्ययों को सम्बन्धित कर दिया जाता है तब उसे निर्णय कहा जाता है। 'सभी फूल सुन्दर है, में 'फूल' के प्रत्यय से 'सौन्दर्य' का प्रत्यय सम्बन्धित कर दिया गया है। इसलिए निर्णय का, जिसका व्यक्त रूप तर्कवाक्य है, घटक प्रत्यय हैं।

अत: अनुमान की इकाई प्रत्यय है। यह विचार अनुभववाद तथा साधारण बुद्धि द्वारा समर्थित होता है।

प्रत्येक तर्कवाक्य में तीन अंग होते हैं, उद्देश्य, विधेय तथा संयोजक। (1) में 'फूल' उद्देश्य है, 'सुन्दर' विधेय तथा 'है' संयोजक।

(iii) पारम्परिक तर्कशास्त्र के अनुसार सभी तर्कवाक्यों का एक रूप है, उद्देश्य-विधेय या द्रव्य-गुण रूप। उदाहरण,

(1) वह सेव मीठा है।

(2) राम श्याम का भाई है।

(3) राम ने श्याम को दस रुपया दिया।

पारम्परिक तर्कशास्त्र के अनुसार तीनों तर्कवाक्यों में रूप की दृष्टि से कोई अन्तर नहीं है। तीनों में किसी विधेय का विधान किया गया है। उनमें उद्देश्य-विधेय का सम्बन्ध है। इसके अनुसार तीनों विधेयों में कोई अन्तर नहीं है। पर वास्तव में तीनों विधेयों का उद्देश्यों से विभिन्न सम्बन्ध हैं।

(1) में विधेय उद्देश्य का एक गुण है।

(2) में विधेय और उद्देश्य के सम्बन्ध का विधान किया गया है।

(3) में 'दस रुपया देना' उद्देश्य की एक क्रिया का बोध कराता है।

पारम्परिक तर्कशास्त्र में गुण, सम्बन्ध तथा क्रिया में कोई भेद नहीं है।

(iv) पारम्परिक तर्कवाक्यों का चार प्रकार बतलाया गया है—

(क) पूर्णव्यापी भावात्मक—A

(ख) पूर्णव्यापी निषेधात्मक—E

(ग) अंशव्यापी भावात्मक—I

(घ) अंशव्यापी निषेधात्मक—O

A, E, I, O चारों के प्रतीक हैं।

इन वाक्यों में अरस्तू ने चार प्रकार का सम्बन्ध माना है, उपाश्रितता (A—I या E—O के बीच), विपरीतता (A—E के बीच), अनुविपरीतता (I—O) के बीच) और व्याघातकता (A—O तथा E—I के बीच) का।

(v) यदि एक आधार-वाक्य से कोई निष्कर्ष होता है तो उसे अनन्तरानुमान कहा गया है और दो से तो उसे न्याय। पारम्परिक तर्कशास्त्र के अनुसार सभी **अनुमानों का एक ही रूप है, न्याय रूप** (Syllogistic form)। अरस्तू ने न्याय का मात्र एक नियम बतलाया था, यज्जाति विधेयम् तद् व्यक्ति विधेयम्(Dictum de Omni et nullo)। शेष न्यायों की जाँच रूपान्तरण (reduction) के द्वारा की जाती है।

(ii) तात्त्विक तर्कशास्त्र (*Mataphysical Logic*)

लगभग तेईस सौ वर्षों के बाद पारम्परिक तर्कशास्त्र का एक व्यवस्थित ढंग से खण्डन करने का प्रयास प्रत्ययवादी दार्शनिकों ने किया। ब्राडले ने अपनी पुस्तक 'तर्कशास्त्र के सिद्धान्त' में अरस्तूयी सिद्धान्तों का विरोध कर प्रत्ययवादी दृष्टिकोण अपनाया है। इसलिए इसे प्रत्ययवादी सम्प्रदाय (Idealistic school) भी कहा जाता है। ब्राडले ने कहा है कि, **'तर्कशास्त्र अब वहाँ नहीं है जहाँ था और वहाँ नहीं रहेगा, जहाँ है'।**

(क) तात्त्विक तर्कशास्त्रियों का परम्परावादियों से मौलिक विरोध इस कारण से था कि उनके अनुसार परम्परावादी तर्कशास्त्र मात्र आकारिक (formal) है। अरस्तू ने अनुमान के आकार और विषय में भेद करके तर्कशास्त्र का सम्बन्ध अनुमान के आकार से बतलाया था। **अनुमान का सम्बन्ध, उसके अनुसार, निष्कर्ष की बैधता से है, सत्यता से नहीं।** 'सभी मनुष्य पक्षी हैं', अतः 'राम पक्षी है', आकार की दृष्टि से वैध अनुमान है पर निष्कर्ष सत्य नहीं है। इसलिए परम्परावादियों के तर्कशास्त्र को उन्होंने वास्तविक जीवन से कटा हुआ माना।

(ख) फिर, तात्त्विक तर्कशास्त्रियों के अनुसार अनुमान के तीन आधार तादात्म्य नियम, विरोध नियम तथा अनन्य नियम वास्तव में तीन नहीं हैं। सभी तादात्म्य नियम के ही रूपान्तर हैं। यदि A, A है (तादात्म्य नियम) तो A, not-A नहीं हो सकता (विरोध नियम) और A और not-A में एक अवश्य होगा (अनन्य नियम)। इसलिए परम्परावादियों के अनुसार अनुमान का आधार मात्र तादात्म्य नियम है। पर ऐसा विचारना भी तात्त्विक तर्कशास्त्रियों के अनुसार मान्य नहीं है।

सभी पशु मरणशील हैं, ...(1)
गाय पशु है; ... (2)
अतः गाय मरणशील है। ...(3)

परम्परावादियों के अनुसार 'पशु' पद के द्वारा 'गाय' और 'मरणशीलता' में सम्बन्ध स्थापित किया गया है। 'पशु' पद का दोनों वाक्यों में एक और वहीं अर्थ (तादात्म्य नियम) रहने के कारण ही निष्कर्ष हो सकता है। इसलिए तादात्म्य ही आधार है अनुमान का। पर तात्त्विक तर्कशास्त्री इसका विरोध करते हैं। उनके अनुसार 'पशु' पद का सम्बन्ध (1) में 'मरणशीलता' से है और (2) में 'गाय' से; दोनों में प्रसंग भिन्न हैं। इसलिए अनुमान का आधार तादात्म्य नहीं, भेदान्वित-अभेद (identity-in-difference) है। इस विचार में हेगेल के निरपेक्षवाद का प्रभाव है।

(ग) प्रत्ययवादी तर्कशास्त्रियों का मौलिक विरोध परम्परावादियों के निर्णय-सम्बन्धी मत से है। परम्परावादियों के अनुसार, *निर्णय दो प्रत्ययों का सम्बन्ध है।* इसलिए प्रत्यय निर्णयों की इकाई है। अनुभववादी लॉक ने भी इस मत का समर्थन किया था। प्रत्ययवादियों के अनुसार, *निर्णयों में मात्र एक प्रत्यय होता है।* जैसे, 'वह फूल लाल है', इसमें 'फूल' का बिना उसके रंग के कोई प्रत्यय कैसे हो सकता है या 'लाल' का बिना किसी पदार्थ के? अतः मानव मस्तिष्क में 'फूल' और 'लाल' के पृथक प्रत्यय नहीं होते और उनमें कोई सम्बन्ध स्थापित नहीं किया जाता। 'लाल फूल' का एक प्रत्यय होता है जिसे ब्राडले ने 'मानस अन्तर्वस्तु (ideal content)' कहा है। अब प्रश्न है कि यदि 'लाल फूल' एक प्रत्यय है तो इस निर्णय में कौन-सा उद्देश्य अर्थात् किसंके सम्बन्ध में 'लाल फूल' कहा

गया है? ब्राडले ने बतलाया है कि इसका, जो बाहर में प्रत्यक्ष है अर्थात् वास्तविक फूल उसमें विधान हुआ है। जिसका प्रत्यक्ष होता है वही तत्त्व है। अतः हमारे निर्णयों के उद्देश्य तत्त्व हैं। इसीलिए ब्राडले ने कहा है कि *'निर्णय तत्त्व में मानस अंतर्वस्तु का निर्देश है'।* यदि निर्णय को दो प्रत्ययों का सम्बन्ध विचारा जाय तो उसमें प्रत्ययों की सीमा नहीं रह जायेगी। 'फूल' के प्रत्यय का विश्लेषण किया जाय तो उसमें उसके रंग, उसके सुगन्ध, उसके आकार आदि कई प्रत्यय सन्निहित मिलेंगे। तब यह मानना कि निर्णय में दो या तीन प्रत्यय होते हैं, एक भूल होगी। वास्तव में रंग को, सुगन्ध को या आकार को फूल से पृथक विचारना अमूर्त्तकरण होगा। अतः किसी निर्णय में मात्र एक प्रत्यय होता है। इसलिए *अनुमान की इकाई पद या प्रत्यय नहीं, तर्कवाक्य या निर्णय स्वयं है।* चिन्तन करना निर्णय करना है और निर्णय करना चिन्तन करना।

(घ) प्रत्ययवादियों के अनुसार तर्कशास्त्र और मनोविज्ञान में कोई सम्बन्ध नहीं है। तर्कशास्त्र का सम्बन्ध प्रत्ययों से है और मनोविज्ञान का चिन्तन से। दोनों एक-दूसरे से बिल्कुल भिन्न हैं। मनोविज्ञान के लिए चिन्तन में संवेगों, भावनाओं आदि का महत्त्व है, तर्कशास्त्र में उनका कोई महत्त्व नहीं है। जब हमें उस फूल का प्रत्यक्ष होता है जिसे मेरे मित्र ने विदेश जाने के समय भेंट किया था तो मेरे मस्तिष्क में उस फूल की तस्वीर बनती है जिसे प्रतिमा (image) कहा जाता है। उस प्रतिमा के साथ मित्र से हुई वार्त्तालाप, उसके आँसू आदि जुड़े होते हैं। ये मनोविज्ञान के विषय हैं। पर मेरे लिए वह फूल एक चिह्न है मैत्री का। मेरे लिए वही उसका अर्थ है। तर्कशास्त्र का सम्बन्ध प्रतिमा से नहीं, उसके अर्थ से है। कलम का प्रत्यक्ष होने पर कैसी प्रतिमा किसी के मस्तिष्क में होती है यह वैयक्तिक प्रश्न है पर वह एक लिखने की सामग्री है, यह उसका अर्थ है। तर्कशास्त्र का इसी से सम्बन्ध है।

(ङ) पारम्परिक तर्कशास्त्र में अनुमान का केवल एक प्रारूप माना गया है, न्याय, जिसमें दो आधार-वाक्यों से निष्कर्ष निगमित होता है। प्रत्ययवादी अनुमान का यह रूप नहीं स्वीकारते और न उसमें तीन पदों का होना आवश्यक विचारते हैं।

यह सही है कि तात्त्विक तर्कशास्त्रियों ने पारम्परिक तर्कशास्त्र का विरोध कर विचारों की शिथिलता में गति प्रदान की, पर वे किसी वयवस्थित नियम का प्रतिपादन नहीं कर सके। कोई भी तात्त्विक तर्कशास्त्री यह बतलाने में सफल नहीं हुआ है कि भेदान्वित-अभेद (identity-in-difference) का स्पष्ट अर्थ क्या है।

(iii) व्यावहारिकतावादी सम्प्रदाय *(Pragmatic School)*

बीसवीं शताब्दी के प्रारम्भ में ही अमेरिका के कुछ विचारकों ने न केवल उस काल के प्रभावशाली प्रत्ययवादी विचारों का अपितु अन्य सैद्धान्तिक दार्शनिक मतों का भी विरोध किया। जेम्स, शीलर, डीवी इस विचार के प्रतिनिधि माने जाते हैं। उनके मत को व्यावहारिकतावाद(pragmatism)कहा जाता है। तर्कशास्त्र के क्षेत्र में उनहोंने सभी प्रचलित मतों का विरोध किया, पारम्परिक, तात्त्विक तथा तर्कगणित सम्प्रदायों का। इस विचार को मुखरित किया शीलर ने अपने लेखों के द्वारा। उसे व्यावहारिकतावादी तर्कशास्त्र कहा जाता है। उन्होंने तर्कशास्त्र में मानवतावादी दृष्टिकोण अपनाया है।

व्यावहारिकतावादी तर्कशास्त्र *(Pragmatic Logic)*

सभी अन्य सम्प्रदायों ने तर्कशास्त्र और मनोविज्ञान के बीच एक खाई खींच दी है।

उन्होंने माना है कि मनोविज्ञान का सम्बन्ध चिन्तन-क्रिया से है और तर्कशास्त्र का चिन्तन के निष्कर्ष से। मनोविज्ञान का सम्बन्ध मानसिक तथ्यों से है, जो उतने ही वास्तविक हैं जितने भौतिक तथ्य, पर तर्कशासत्र का चिन्तन-क्रियाओं के निष्कर्ष से, प्रमाण से। व्यावहारिकतावादी तर्कशास्त्री इस अन्तर को नहीं स्वीकारते। उनके अनुसार तर्कशास्त्र की जड़ मनोविज्ञान में है। अतः मनोविज्ञान मुख्य है और तर्कशास्त्र गौण। उनका दृष्टिकोण मनोवैज्ञानिक है।

मनोविज्ञान जीव-विज्ञान पर आधारित है। चिन्तन-क्रिया का विकास कैसे होता है, क्या अर्थ है चिन्तन-क्रिया का। इन बातों को जानकर ही चिन्तन-क्रिया के स्वरूप का या उसके परिणाम का शुद्ध ज्ञान सम्भव है। इसलिए मनोविज्ञान की जड़ जीव-विज्ञान में है। इस प्रकार यह कहा जा सकता है कि व्यावहारिकतावादी तर्कशास्त्र का दृष्टिकोण जीववादी है। व्यावहारिकतावादी यह बतलाते हैं कि मनुष्य का जन्म से ही कुछ नैसर्गिक शक्तियाँ रहती हैं, जन्मजात प्रवृत्तियाँ, प्रतिवर्त्त-गति (reflexes) इत्यादि। आरम्भ में सारी क्रियाएँ इन्हीं शक्तियों के द्वारा सम्पादित होती हैं। भूख लगने पर बालक रोता है, प्यास लगने पर मुँह चटपटाता है। सभी क्रियाएँ सहजता से होती जाती हैं। कुछ बड़े होने पर कुछ ऐसी स्थितियाँ आती हैं जहाँ इन शक्तियों से काम नहीं चलता। वहीं ठहराव आता है चिन्तन-क्रिया के लिए। इसलिए चिन्तन-क्रिया तभी प्रारम्भ होती है, जब कोई समस्या खड़ी होती है, उसी के समाधान के लिए। इसलिए चिन्तन-क्रिया के प्रारम्भ होने के पूर्व मनुष्य जीवन का एक अंश जी लेता है। चिन्तन-क्रिया के उपरान्त वह कोई निर्णय करता है। यदि उसका निर्णय समस्या के समाधान में सफल हुआ तब वह सत्य है यदि नहीं तब असत्य। इसलिए सत्यता की कसौटी है हमारे निर्णयों का कारगर होना। मनुष्य के चिन्तन के पहले बहुत जीवन जी लेता है और निर्णयों का पहले बहुत चिन्तन कर लेता है। इसलिए चिन्तन और निर्णय एक नहीं हैं जैसा ब्राडले ने विचारा था।

प्रत्येक निर्णय सोद्देश्य तथा वैयक्तिक होता है। निर्णय उस व्यक्ति का होता है जिसने किसी समस्या का सामना किया है और उसके समाधान के लिए चिन्तन। व्यावहारिकतावादियों ने चिन्तन और निर्णय के सम्बन्ध में जीवशास्त्रीय दृष्टिकोण अपनाया है। उन्होंने परम्परावादियों के अवैयक्तिक (impersonal) विचार का खण्डन किया है। जिस क्षण निर्णयों को प्रसंग से हटा लिया जाय वे अनेकार्थक तथा अस्पष्ट हो जाते हैं। यदि प्रसंग ज्ञान नहीं हो तो 'वह अब जा रहा है' निर्णय के अनेक अर्थ लग सकते हैं। अतः किसी निर्णय के अर्थ को जानने के लिए प्रसंग का ज्ञान आवश्यक है। बिना प्रसंग के अवैयक्तिक निर्णय अनेकार्थक होते हैं और शब्दकोशों के शब्दों की भाँति मृत। इसी कारण से व्यावहारिकतावादियों के अनुसार तर्कशास्त्र के सभी सम्प्रदाय आकारिक और निरर्थक हैं।

(iv) तर्कगणित सम्प्रदाय *(Mathematical School)*

उन्नीसवीं सदी के मध्यकाल में कुछ गणितज्ञों ने अपने लेखों में पारम्परिक तर्कशास्त्र के सिद्धान्तों में बीजगणित के प्रतीकों का प्रयोग किया। उन्होंने तर्कशास्त्र में किसी नए सिद्धान्त का प्रतिपादन नहीं किया अपितु बीजगणित के प्रतीकों तथा प्रणालियों का प्रयोग कर उन्हीं युक्तियों को सिद्ध किया जिनका अरस्तू ने प्रतिपादन किया था। ऐसे तो लीवनीज ने तर्कशास्त्र की एक व्यापक गणित के रूप में कल्पना की थी पर इसमें अग्रणी थे इंगलैण्ड के गणितज्ञ जार्ज वूल। यह, वास्तव में, गणित के प्रतीकों और प्रणालियों को तार्किक युक्तियों में प्रयोग करने का एक प्रयत्न कहा जा सकता है। लगभग उसी काल में कुछ ऐसे भी

गणितज्ञ तथा वैज्ञानिक हुए जिन्होंने सम्बन्धात्मक युक्तियों (relational arguments) के लिये प्रतीकों का प्रयोग कर उनका अध्ययन किया। अरस्तू के तर्कशास्त्र में इस प्रकार की युक्तियों की पृथक व्याख्या नहीं की गई है। इस क्षेत्र में भी अग्रणी थे इंगलैण्ड के गणितज्ञ आगस्टस डी मार्गन तथा अमेरिका के वैज्ञानिक चार्ल्स पर्स। इन दोनों प्रकार के प्रयासों का समन्वित रूप बीसवीं सदी के गणितज्ञों के लेखों में मिलता है। जर्मन के दार्शनिक तथा गणितज्ञ फ्रीज, इटली के पीयानों तथा इंगलैण्ड के ह्वाइटहेड और रसेल ने अपनी रचनाओं में इस तकनीक को और भी व्यवस्थित किया।

अरस्तूयी तर्कशास्त्र में गणित के प्रतीकों तथा प्रणालियों के प्रयोग तथा अन्य प्रकार की युक्तियों को भी गणित के नियमों के आधार पर विचार करना तर्कगणित कहा जाने लगा।

'तर्कगणित' नाम से ही यह स्पष्ट है कि तर्कशास्त्र और गणित में घनिष्ठ सम्बन्ध माना गया है। ऐसे तर्कशास्त्री दोनों को एक विचारते हैं। अरस्तू ने बतलाया था कि तर्कशास्त्र का सम्बन्ध युक्तियों के आकार से है। तर्कगणितज्ञ भी इस बात का समर्थन करते हैं कि तर्कशास्त्र का मुख्य उद्देश्य मौलिक अवधारणाओं या आकारों का अध्ययन करना है और उनके अनुसार गणित के आकार भी वही हैं। इसलिए ये तर्कगणितज्ञ (Mathematical Logic) और गणित तर्क (Logical Mathematics) दोनों को एक विचारते हैं। रसेल की पुस्तक *'Principia Mathematica'* तर्कगणित का मानक ग्रन्थ है।

तर्कगणित, इसलिए, अरस्तू के तर्कशास्त्र का खण्डन नहीं करता। यह उसी का विस्तार करता है। यह उस तर्कशास्त्र के दोषों को दूर कर उनके नियमों का विस्तार अन्य प्रकार की युक्तियों में करता है और प्रतीकों का प्रयोग कर उसे और भी सुदृढ़ करता है।

अरस्तूयी तर्कशास्त्र की सीमा

इसमें तर्क-वाक्यों का केवल एक रूप विचारा गया है, उद्देश्य-विधेयक रूप। वे गुण, सम्बन्ध और क्रिया में कोई भेद नहीं करते।

सभी भारतीय एशियाई हैं।
वह कलम लाल है।
उसने उसे दस रुपया दिया।
राम श्याम का भाई है।

परम्परावादियों के अनुसार चारों तर्कवाक्य एक किस्म के हैं। यदि उनके उद्देश्यों के लिए 'क' और विधेयों के लिए 'ख' का संकेत किया जाय तो चारों का एक रूप होगा 'क ख है'। पर वास्तव में, सभी के विधेय पृथक किस्म के हैं।(1) 'भारतीय' वर्ग 'एशियाई' वर्ग का एक सदस्य है, (2) में 'लाली' 'कलम' का एक गुण है, (3) में 'दस रुपया देना' एक क्रिया है और(4) में 'श्याम' का 'राम का भाई' होना एक सम्बन्ध है। तर्कगणित इन सभी तर्कवाक्यों में भेद करता है।

अनुमान का भी अरस्तूयी तर्कशास्त्र में केवल एक प्रकार माना गया है' न्याय रूप'। इसलिए उसके अनुसार निम्न अनुमान दोषपूर्ण है,

क ख से लम्बा है,
ख ग से लम्बा है,
∴ क ग से लम्बा है।

इसमें चतुष्पदी दोष हो जाता है। ऐसा इसलिए होता है कि वे सभी तर्कवाक्य को एक किस्म का मानते हैं। पर वास्तव में यह अनुमान सम्बन्धात्मक है और शुद्ध भी।

परम्परावादियों ने तर्कवाक्यों में केवल चार प्रकार का सम्बन्ध माना है, उपाश्रितता, विपरीतता, अनुविपरीतता तथा व्याघातकता का, पर तर्कगणित ने सात, स्वतंत्रता, समता, अतिआपादन, अवआपादन, विपरीतता, अनुविपरीतता तथा व्याघातकता। इसके अतिरिक्त परम्परावादियों के अनुसार एकव्यापी वाक्यों का विरोधी तर्कवाक्य नहीं हो सकता; पर ऐसा मानना एक भूल है।

परम्परावादी अनुमान में केवल सरल तर्कवाक्यों का विचार किया गया है यौगिक या जटिल तर्कवाक्यों का नहीं। तर्कगणित में यौगिक तर्कवाक्यों का भी विचार होता है।

इन सभी बातों से यह स्पष्ट है कि तर्कगणित का दृष्टिकोण परम्परावादी है। यह उसी तर्कशास्त्र का विस्तार है। उनमें दो बातों में भेद है,

(i) तर्कगणित परम्परावादी नियमों का खण्डन नहीं करता, उनका विस्तार करता है;

(ii) यह परम्परावादी तर्कशास्त्र के दोषों को संशोधित करता है;

(iii) यह प्रतीकों का प्रयोग कर नियमों को सुदृढ़ बनाता है। प्रतीकों का प्रयोग अरस्तू ने भी किया था। पूर्णव्यापी भावात्मक वाक्यों के लिए A, पूर्णव्यापी निषेधात्मक के लिए E इत्यादी, पर उसने तर्कवाक्यों के लिए प्रतीकों का प्रयोग किया था। तर्कगणित में **तर्कवाक्यों के सम्बन्धों के लिए प्रतीकों का प्रयोग होता है।**

(v) प्रतीकात्मक तर्कशास्त्र *(Symbolic Logic)*

प्रतीकात्मक तर्कशास्त्र तर्कगणित का ही विकसित रूप है। रसेल तथा ह्वाइटहेड के अतिरिक्त कई तर्कशास्त्री, गणितज्ञ, वैज्ञानिक इस दिशा में शोधकार्य करने लगे। आरम्भ में लोगों ने किसी मानक प्रतीक का प्रयोग नहीं किया था। बाद में प्रतीकों का एक मानक रूप स्वीकारा गया और उन्हें व्यवस्थित किया गया। वाक्यों के विश्लेषण में तथा विज्ञानों में भी इनका प्रयोग होने लगा। तर्कगणित के इस विकसित तथा व्यवस्थित रूप को ही प्रतीकात्मक तर्कशास्त्र कहा गया है। इस नाम का प्रयोग कई प्रकार से होता है। कभी यह तर्कगणित का ही दूसरा नाम माना जाता है तो कई इसे उससे भिन्न मानते हैं। 1904 ई॰ में अन्तर्राष्ट्रीय दर्शन सभा, पेरिस, में इसका नामकरण 'Logistic (तर्कगणित)' हुआ था। पर इसके नाम में अब कोई मतभेद नहीं है। इसे प्रतीकात्मक तर्कशास्त्र कहा जाता है।

प्रतीकात्मक तर्कशास्त्र परम्परावादी तर्कशास्त्र का खण्डन या विरोध नहीं करता, उसे संशोधित करता है और उसे विकसित कर वैज्ञानिक रूप प्रदान करता है। इसका दृष्टिकोण परम्परावादी है।

●

दूसरा परिच्छेद

परम्परावादी तर्कशास्त्र के मुख्य सिद्धान्त
(MAIN PRINCIPLES OF TRADITIONAL LOGIC)

2.1 तर्कशास्त्र
2.2 तर्कवाक्य
2.3 तर्कवाक्य और वाक्य (Proposition and Sentence)
2.4 तर्कवाक्यों के प्रकार
2.5 तर्कवाक्यों में सम्बन्ध
2.6 न्याय
2.7 न्याय के स्वरूप
2.8 न्याय के प्रकार
2.9 न्याय के आकार
2.10 न्याय के योग
2.11 अरस्तू का सिद्धान्त
2.12 रूपान्तरण
2.13 शुद्ध हेत्वाश्रित न्याय
2.14 मिश्र न्याय
(i) हेत्वाश्रित-निरपेक्ष न्याय
(ii) वैकल्पिक निरपेक्ष न्याय
(iii) द्विविधा
2.15 अभ्यास
2.16 वस्तुनिष्ठ प्रश्न

दूसरा परिच्छेद

परम्परावादी तर्कशास्त्र के मुख्य सिद्धान्त
(MAIN PRINCIPLES OF TRADITIONAL LOGIC)

2.1 तर्कशास्त्र

तर्कशास्त्र वह विषय है जिसमें अनुमान के नियमों की व्याख्या होती है। वैध अनुमान के नियमों का अध्ययन करना, इसका लक्ष्य है।

अनुमान के निर्मायक तत्त्व तर्कवाक्य हैं, जैसे—

सभी ग्रह गोल हैं, (1)
चन्द्रमा एक ग्रह है, (2)
∴ चन्द्रमा गोल है। (3)

(1), (2), (3) तर्कवाक्य हैं।

अनुमान तर्कवाक्यों का वह समूह है जिसमें कुछ तर्कवाक्यों से कोई अन्य तर्कवाक्य निगमित होता है।

2.2 तर्कवाक्य

तर्कवाक्य में स्वयं कई अंग होते हैं : उद्देश्य (subject), विधेय (predicate) और संयोजक (copula)। तर्कवाक्य 'चन्द्रमा एक ग्रह है' में 'चन्द्रमा' उद्देश्य है। उद्देश्य वह है जिससे विषय के कोई अभिकथन हो। 'एक ग्रह' विधेय है। विधेय वह है जो उद्देश्य के विषय में कहा जाता है। उद्देश्य तथा विधेय को संयुक्त करनेवाला शब्द संयोजक कहलाता है। 'है' संयोजक है। तर्कवाक्य के उद्देश्य तथा विधेय को पद कहा जाता है। अतः पद अनुमान की इकाई है। सभी पद शब्द हैं पर सभी शब्द पद नहीं है। केवल वैसे शब्द पद हैं जिनका प्रयोग तर्कवाक्य में हुआ है।

तर्कवाक्य निर्णयों के व्यक्त रूप हैं। वे सत्य या असत्य होते हैं। सभी तर्कवाक्य व्याकरण के वाक्य हैं पर सभी वाक्य तर्कवाक्य नहीं हैं। केवल वैसे वाक्य तर्कवाक्य हैं जो निर्णयों को व्यक्त करते हैं और जो सत्य या असत्य होते हैं। 'क्या आप तर्कशास्त्र पढ़ेंगे?' भी एक वाक्य है पर यह किसी निर्णय को व्यक्त नहीं करता और सत्य या असत्य नहीं होता। यह एक प्रश्न है।

2.3 तर्कवाक्य और वाक्य (*Proposition and Sentence*)

तार्किक वाक्य निर्णय के भाषा में व्यक्त रूप हैं, इसलिए वे वाक्य हैं। पर सभी व्याकरण के वाक्य तार्किक वाक्य नहीं होते हैं। वैसे वाक्य जो निर्णय को व्यक्त नहीं करते तार्किक वाक्य नहीं हैं, जैसे, प्रश्नवाचक वाक्य—क्या वह घर पर है? इच्छार्थक वाक्य—भगवान् आपको सुखी रखें, आज्ञाबोधक वाक्य—तुम जाओ और विस्मयादिबोधक वाक्य—ओह!

क्या हुआ? इसलिए व्याकरण के वाक्य तार्किक वाक्यों की अपेक्षा अधिक व्यापक हैं। सभी तार्किक व्याकरण के वाक्य हैं पर सभी व्याकरण के वाक्य तार्किक वाक्य नहीं। उनमें वही सम्बन्ध है जो शब्द और पद (terms) में होता है।

तार्किक वाक्य केवल निर्णय को व्यक्त करते हैं पर व्याकरण के वाक्य हमारी किसी भी मानसिक प्रक्रिया को, जैसे, संवेग, भाव, विचार आदि को। विस्मयादिबोधक वाक्यों में हमारे संवेग, इच्छार्थक वाक्यों में हमारे भाव व्यक्त रहते हैं।

प्रत्येक तार्किक वाक्य के तीन अंग होते हैं, उद्देश्य, विधेय और संयोजक। पर व्याकरण के वाक्यों के दो ही अंग रहते हैं, उद्देश्य तथा विधेय। व्याकरण के वाक्यों में संयोजक विधेय में संयुक्त होता है।

तार्किक वाक्यों का उद्देश्य है सत्य की प्राप्ति, इसलिए वे सत्य या असत्य हो सकते हैं पर व्याकरण का सम्बन्ध वाक्यों की रचना की शुद्धता (correctness) से है; इसलिए व्याकरण के वाक्य शुद्ध या अशुद्ध हो सकते हैं। वह वाक्य जो व्याकरण की दृष्टि से शुद्ध है, जैसे, आदमी पक्षी है, वह असत्य हो सकता है। उपर्युक्त कथन असत्य है क्योंकि वास्तव में आदमी पक्षी नहीं है।

तार्किक वाक्य सरल, संक्षिप्त तथा उनका रूप निश्चित होता है। उनमें अलंकार आदि का स्थान नहीं है, इसलिए वे सरल और संक्षिप्त है पर व्याकरण के वाक्यों में अलंकार का यथेष्ट स्थान है। इसके अतिरिक्त तार्किक वाक्यों में उद्देश्य का परिमाण तथा वाक्य का गुण स्पष्टतया व्यक्त रहता है। व्याकरण के वाक्यों का गुण और परिमाण स्पष्ट करने के लिए उन्हें तार्किक रूप में रखना पड़ता है। इसलिए तार्किक वाक्यों का रूप निश्चित होता है।

तार्किक वाक्य केवल वर्त्तमान काल में व्यक्त रहता है पर व्याकरण के वाक्य सभी काल में। किसी तार्किक वाक्य का एक ही अर्थ होता है। वह प्रसंग पर निर्भर है। पर व्याकरण वाक्यों का अनेक अर्थ हो सकता है। जैसे—'धन न यश' का अर्थ हो सकता है, 'धन नहीं, यश' या 'धन, नहीं यश' या 'न धन, न यश'।

तार्किक वाक्य व्याकरण के एक वाक्य के बराबर होते हैं। 'राम जाता है', व्याकरण का एक वाक्य है। पर एक ही वाक्य में कई तार्किक वाक्य हो सकते हैं। जैसे, राम और श्याम चतुर है—यह व्याकरण का एक वाक्य है पर इसमें दो तार्किक वाक्य हैं, राम चतुर है और श्याम चतुर है।

2.4 तर्कवाक्यों के प्रकार

तर्कवाक्यों का वर्गीकरण कई प्रकार से किया गया है।

(1) गुण तथा परिमाण की दृष्टि से

गुण तथा परिमाण की दृष्टि से तर्कवाक्य चार प्रकार के होते हैं:—

(i) पूर्णव्यापी भावात्मक (Universal affirmative), जैसे, सभी कॉलेज के विद्यार्थी मैट्रिक पास हैं।' (All college students are matriculate.)

(ii) अंशव्यापी भावात्मक (Particular affirmative) 'कुछ कॉलेज के विद्यार्थी अमीर है'। (Some college students are rich.)

(iii) पूर्णव्यापी निषेधात्मक(Universal negative), जैसे, 'कोई कॉलेज के विद्यार्थी अमीर नहीं है।' (No college student is rich.)

(iv) अंशव्यापी निषेधात्मक (Particular negative), 'कुछ कॉलेज के विद्यार्थी अमीर नहीं है।' (Some college students are not rich.)

तर्कशास्त्र में उपर्युक्त चार वाक्यों के सांकेतिक नाम के चार स्वर हैं : A, I, E, O.

(i) 'A'—पूर्णव्यापी भावात्मक (Universal affirmative)—A ll S is P—(A से universal affirmative—'All S is P' रूप का बोध होता है।)—'सभी स प है'।

(ii) 'I'—अंशव्यापी भावात्मक (Particular affirmative)—Some S is P—(I से Particular affirmative—'Some S is P' रूप का बोध होता है।—'कुछ स प हैं'।

(iii) 'E'—पूर्णव्यापी निषेधात्मक (Universal negative)—No S is P—(E से universal negative—'No S is P' रूप का बोध होता है।)—'कोई स प नहीं है'।

(iv) 'O'—अंशव्यापी निषेधात्मक (Particular negative)—Some S is not P—(O से Particular negative—'Some S is not P' रूप का बोध होता है।)—'कुछ स प नहीं है।'

इन चारों, A, E, I और O में 'A' और 'I' भावात्मक हैं 'E', और 'O' निषेधसूचक। 'A', 'I', भावसूचक स्वर affirmo (=भाव) शब्द से और 'E', 'O' निषेध-सूचक स्वर nego (=निषेध) शब्द से लिया गया है।

उपर्युक्त उदाहरणों से स्पष्ट हो जाता है कि 'A' पूर्णव्यापी वाक्य है क्योंकि उसमें सभी 'college students' के विषय में कहा गया है और भावात्मक भी है क्योंकि 'college students' के विषय में कुछ विधान किया गया है। 'I', अंशव्यापी वाक्य है क्योंकि कुछ 'college stuedents' के विषय में कहा गया है और भावात्मक भी है क्योंकि 'college students' के विषय में कुछ विधान किया गया है। 'E' पूर्णव्यापी वाक्य है क्योंकि सभी 'college stuedents' के विषय में कहा गया है और निषेधात्मक है क्योंकि 'College students' के विषय में कुछ निषेध किया गया है। 'O' अंशव्यापी है क्योंकि इसमें कुछ 'college students' के विषय में कहा गया है और निषेधात्मक है क्योंकि 'college students' के विषय में कुछ निषेध किया गया है।

तर्कशास्त्र के वाक्य के यही चार रूप है :

A—All S is P—पूर्णव्यापी भावात्मक (Universal affirmative)—सभी स प है।

I—Some S is P—अंशव्यापी भावात्मक (Particular affirmative)—कुछ स प है।

E—No S is P—पूर्णव्यापी निषेधात्मक (Universal negative)—कोई स प नहीं है।

O—Some S is not P—अंशव्यापी निषेधात्मक (Particular negative)—कुछ स प नहीं है।

(2) सम्बन्ध की दृष्टि से (*According to Relation*)

सम्बन्ध की दृष्टि से तार्किक वाक्य दो प्रकार के होते हैं, निरपेक्ष (categorical) और सापेक्ष (conditional)।

निरपेक्ष वाक्य वह है जिसमें उद्देश्य और विधेय का सम्बन्ध बिना किसी शर्त के रहता है। इसमें किसी दूसरे वाक्य की अपेक्षा नहीं रहती। जैसे, वह जाता है (He goes)। इस वाक्य में उसका जाना किसी शर्त्त पर निर्भर नहीं है—उद्देश्य और विधेय का सम्बन्ध किसी दूसरी बात पर निर्भर नहीं है। कुछ किताबें अच्छी नहीं है—इस वाक्य में 'अच्छापन' का 'किताबों' के बारे में बिना किसी शर्त के निषेध हुआ है। ऐसे वाक्य शर्तहीन(unconditional) हैं। इनमें कोई शर्त नहीं लगा रहता।

सापेक्ष वाक्य वह है जिसमें उद्देश्य और विधेय का सम्बन्ध किसी शर्त पर निर्भर रहता है। इसमें दूसरे वाक्यों की अपेक्षा रहती है। जैसे—यदि तुम पढ़ोगे तो बी॰ ए॰ पास करोगे (If you read then you will pass the B. A. examination)। इसमें तुम्हारा बी॰ ए॰ पास करना पढ़ने पर निर्भर बतलाया गया है—उद्देश्य और विधेय एक शर्त पर निर्भर है। यदि वर्षा होगी तो फसल होगी—इस वाक्य में 'फसल होना' बिना किसी शर्त के नहीं बतलाया जाता अपितु वर्षा होने पर निर्भर बतलाया जाता है। कलम या तो लाल है या काला—इस वाक्य में भी यह साफ-साफ नहीं बताया गया है कि कलम लाल है या काला। यदि कलम लाल नहीं है तब काला है अर्थात् इसमें भी शर्त है। यह वाक्य सापेक्ष है। सापेक्ष वाक्य भी दो तरह के होते हैं, हेत्वाश्रित (hypothetical) और वैकल्पिक (disjunctive)।

कुछ सापेक्ष वाक्य ऐसे होते हैं जिनमें शर्त स्पष्ट रूप से व्यक्त रहता है। जैसे—(If you come then he will go.)—यदि तुम आओ तो वह जायेगा। इस वाक्य में 'he will go' (वह जायेगा) एक शर्त पर निर्भर है—'you come' (तुम आओ) पर। वह शर्त स्पष्ट रूप से व्यक्त है। परन्तु कुछ सापेक्ष वाक्य ऐसे होते हैं कि उनमें शर्त साफ-साफ नहीं दिया रहता है। जैसे—(The rose is either green or red) वह गुलाब या तो हरा है या लाल—इस वाक्य में 'rose' या गुलाब क्या है (green or red) 'हरा या लाल' स्पष्ट नहीं है। इसका विश्लेषण करने पर शर्त स्पष्ट होता है। यदि वह गुलाब हरा नहीं, है तब लाल है या यदि वह गुलाब लाल नहीं है तब हरा (If the rose is not green, then it is red. या If the rose is not red, then it is green.)—इसमें शर्त स्पष्ट हो गया है।

हेत्वाश्रित वह सापेक्ष वाक्य है जिसमें शर्त साफ-साफ दिया हुआ हो। जैसे यदि राम तेज है तो वह पास कर जायेगा (If Ram is intelligent he will pass)। इसमें 'वह पास कर जायेगा', (he will pass) 'राम तेज है' (Ram is intelligent) पर निर्भर है। शर्त यहाँ स्पष्ट है। इसलिए हेत्वाश्रित वाक्य 'If then या, 'यदि-तो' के रूप में व्यक्त रहते हैं।

हेत्वाश्रित वाक्यों में दो भाग होते हैं—एक तो वह जो शर्त बतलाता है और दूसरा हम जो कहना चाहते हैं अर्थात् जो उस शर्त पर निर्भर है। उस भाग को जो शर्त बतलाता है पूर्ववर्ती या हेतु (antecedent) कहा जाता है। वह भाग जो शर्त पर निर्भर हो अर्थात् दूसरा भाग अनुवर्ती या फल (consequent) कहा जाता है, जैसे—यदि स प है तो क र है (If S is P, Q is R)—इस वाक्य में 'स प है' (S is P) शर्त है और 'क र है' (Q is R) उस पर निर्भर है—इसलिए 'स प है' (S is P) पूर्ववर्ती (antecedent) और 'क र ' है, अनुवर्ती (consequent) है। पूर्ववर्ती भाग के आरम्भ में यदि, जब (If, when), आदि शब्द रहते हैं और अनुवर्ती भाग के आरम्भ में तब, तो (then, in that case) आदि शब्द। जैसे—If you are well, you can go; if you pass in first division, then you will be admitted; when men suffer, they remember God : जब हमें रुपया होगा तो मैं मोटर खरीदूँगा। इनमें ' you are well, you pass in first division, men suffer, हमें रुपया होगा' पूर्ववर्ती भाग (antecedents) हैं और you can go, you will be admitted, they remember God, मैं मोटर खरीदूँगा अनुवर्ती (consequents)। पूर्ववर्ती और अनुवर्ती का सम्बन्ध कार्य-कारण सम्बन्ध की भाँति है। जिस प्रकार कार्य (effect) का होना कारण (cause) पर निर्भर है उसी प्रकार अनुवर्ती का होना पूर्ववर्ती पर निर्भर बतलाया जाता है।

2.5 तर्कवाक्यों में सम्बन्ध

वैसे वाक्यों में, जिनके उद्देश्य और विधेय एक हों पर गुण आदि में भेद हो चार प्रकार का सम्बन्ध हो सकता है—(1) उपाश्रितता (Subalternation), (2) विपरीतता (Contrariety), (3) अनुविपरीतता (Subcontrariety), (4) व्याघातकता (Contradiction)।

(1) उपाश्रितता *(Subalternation)*[1]

उपाश्रितता वैसे दो वाक्यों का सम्बन्ध है जिनके उद्देश्य और विधेय एक हों, पर उनमें केवल परिमाण का अन्तर हो, जैसे 'A' और 'I' या 'E' और 'O' में।

क {A—All kings are wise. (सभी स प है)
  I—Some kings are wise (कुछ स प है)

ख {E—No writer is rich. (कोई स प नहीं है)
  O—Some writers are not rich. (कुछ स प नहीं है।)

(2) विपरीतता *(Contrariety or Contrary Opposition)*[2]

विपरीतता वैसे दो पूर्णव्यापी वाक्यों का सम्बन्ध है जिनके उद्देश्य और विधेय एक हो पर उनमें गुण का अन्तर हो। पूर्णव्यापी वाक्य दो हैं, A और E। उनमें गुण का भी अन्तर है, एक भावात्मक है तो दूसरा निषेधात्मक। इसलिए यह सम्बन्ध A और E के बीच होता है। ये एक-दूसरे के विपरीत होते हैं।

A—All kings are rich. (सभी स प है।)

E—No king is rich. (कोई स प नहीं है।)

दोनों पूर्णव्यापी वाक्य हैं और उनका उद्देश्य और विधेय एक है। उनमें अन्तर केवल गुण में है क्योंकि 'A' भावात्मक है और 'E' निषेधात्मक। इसलिए A—'All kings are rich' का विपरीत वाक्य E—'No king is rich' है। E का विपरीत वाक्य है A।

(3) अनुविपरीतता *(Sub-contrariety or Sub-contrary Opposition)*[3]

अनुविपरीतता वैसे दो अंशव्यापी वाक्यों का सम्बन्ध है, जिनके उद्देश्य और विधेय एक हों पर उनके गुण में अन्तर हो। अंशव्यापी वाक्य दो ही होते हैं 'I' और 'O' —उनमें गुण का अन्तर भी है, एक भावात्मक है तो दूसरा निषेधात्मक। इसलिए यह सम्बन्ध I और O के बीच होता है। ये दूसरे के अनुविपरीत होते हैं।

---

1. Subalternation is the relation between two propositions having the same subject and predicate but differing only in quantity.
2. contrariety is the relation between universal propositions having the same subject and predicate but deffering only in quality.
3. Sub-contrariety is the relation between two particular propositions having the same subject and predicate but differing only in quality.

I—Some students are wise. (कुछ स प हैं।)

O—Some students are not wise (कुछ स प नहीं हैं।)

दोनों अंशव्यापी वाक्य हैं और उनके उद्देश्य और विधेय एक ही हैं। उनमें केवल गुण का भेद है, एक भावात्मक है तो दूसरा निषेधात्मक। इसलिए I—'Some students are wise' का अनुविपरीत वाक्य O—'Some students are not wise' है। यह सम्बन्ध 'O' और 'I' के बीच होता है।

(4) व्याघातकता (*Contradictory Opposition*)[1]

व्याघातकता वैसे दो वाक्यों का सम्बन्ध है जिनके उद्देश्य और विधेय एक हों पर उनमें गुण और परिमाण दोनों में अन्तर हो। यह सम्बन्ध A और O या E और I के बीच होता है। A—O या E—I. व्याघातक वाक्य है।

(क) { A—All students are wise. (सभी स प हैं।)
O—Some students are not wise.(कुछ स प नहीं है।)

(ख) { E—No man is perfect. (कोई स प नहीं है।)
I—Some men are perfect. (कुछ स प है।)

इन दोनों वाक्यों के उद्देश्य और विधेय एक हैं पर एक भावात्मक है तो दूसरा निषेधात्मक और एक पूर्णव्यापी है तो दूसरा अंशव्यापी। इसलिए उनमें गुण और परिमाण दोनों में अन्तर है। A और O व्याघातक वाक्य हैं। A का व्याघातक वाक्य O है और O का A।

2.6. न्याय (*Syllogism*)

न्याय (*Syllogism*)—न्याय का अनुमान का वह रूप है जिसमें दो आधार-वाक्यों (premises) से जिनमें एक सामान्य पद हो, निष्कर्ष प्राप्त होता है। उदाहरण—

(a) All *Indians* are simple.

(b) Hari is an *Indian*.

(c) ∴ Hari is simple.

इसमें दो आधार-वाक्य हैं (a) और (b) तथा एक निष्कर्ष है (c)। दोनों आधार-वाक्यों में एक सामान्य पद (common term) है, 'Indian'। इसी के द्वारा निष्कर्ष सम्भव हुआ है। यदि कोई सामान्य पद (a) और (b) में नहीं होता तो निष्कर्ष नहीं निकलता। पहले वाक्य में 'Indians' और 'simple', दूसरे वाक्य में 'Hari' और 'Indian' के बीच सम्बन्ध दिखलाया गया है। अतः निगमन में सम्बन्ध 'Hari' और 'simple' के बीच स्थापित हुआ है।

चूँकि न्याय (syllogism) निगमनात्मक (deductive) अनुमान है, अतः इसमें निगमन को आधार-वाक्य से अधिक व्यापक नहीं रहना चाहिए। इस उदाहरण में आधार-वाक्य सामान्य रूप से सभी Indians पर लागू है और निगमन केवल व्यक्ति विशेष पर ही लागू है। अतः निगमन आधार-वाक्य से अधिक व्यापक नहीं है।

---

1 Contradictory opposition is the relation between two propositions having the same subject and predicate but differing in quality and quantity both.

अरस्तू ने केवल विपरीतता और व्याघातकता को ही विरोध का रूप माना है।

न्याय के लक्षण

(a) दो वाक्यों के संयोग से ही निष्कर्ष निकलता है। (Conclusion follows from two premises taken jointly.)

(b) निगमन आधार-वाक्य से अधिक व्यापक नहीं हो सकता। (Conclusion can not be more general than the premises)

(c) निगम आवश्यक और हेत्वाश्रित होता है। (Conclusion is necessary and hypothetical.)

2.7. न्याय का विश्लेषण या स्वरूप *(Analysis or Structure of Syllogism)*

यदि दो ऐसे वाक्यों से, जिनमें एक सामान्य पद (common term) हो, निगमन निकाला जाय तो उस अनुमान को न्याय (syllogism) कहा जाता है।

उदाहरण All college students are matriculates. (a)
Sheila is a college student. (b)
∴ Sheila is a matriculate. (c)

इससे यह स्पष्ट हो जाता है कि प्रत्येक न्याय में तीन वाक्य होते हैं। इनमें तीनों में दो ऐसे होते हैं जिनसे निष्कर्ष निकाला जाता है। उन्हें आधार-वाक्य (premises) कहा जाता है। एक वह वाक्य होता है जो उन दोनों पर आश्रित रहता है। उसे निगमन (conclusion) कहा जाता है। उपर्युक्त उदाहरण में 'All college students are matriculates' और 'Sheila is a college student' आधार-वाक्य हैं और 'Sheila is a matriculate' निगमन। (a) और (b) के आधार पर ही (c) सम्भव हुआ है। इस प्रकार किसी भी न्याय में तीन वाक्य होते-हैं, दो आधार-वाक्य (premises) और एक निगमन (conclusion)।

चूँकि न्याय में तीन वाक्य होते हैं, और प्रत्येक वाक्य में एक उद्देश्य पद (subject term) और एक विधेय पद (predicate term), अतः कुल मिलाकर तीन उद्देश्य पद और तीन विधेय पद होते हैं। पर वास्तव में पद तीन ही होते हैं और प्रत्येक दो बार व्यवहृत रहता है। उपर्युक्त उदाहरण में तीन पद हैं, 'college students', matriculate', और 'Sheila'; प्रत्येक दो बार पाया जाता है, 'College students' (a) और (b) में 'matriculate' (a) और (c) में, Sheila (b) और (c) में। अतः प्रत्येक न्याय में तीन पद होते हैं। प्रत्येक दो बार पाया जाता है। वाक्यों को न्याय का निकटस्थ विषय (proximate matter) और पदों को दूरस्थ विषय (remote matter) कहा जाता है।

न्याय के पदों और वाक्यों का अलग-अलग नाम भी होता है। निगमन के विधेय पद (predicate term) को वृहत् पद (major term) और उद्देश्य पद (subject term) को लघु पद (minor term) कहा जाता है। 'matriculate' निगमन का विधेय पद है; अतः उसे वृहत् पद और 'Sheila' निगमन का उद्देश्य पद, अतः उसे लघु पद कहा जायेगा। वह पद जो दोनों आधार-वाक्यों में सामान्य (common) होता है पर निगमन में नहीं पाया जाता उसे माध्यम पद (middle term), लिंग या हेतु कहा जाता है। 'college student' पद (a) और (b) में सामान्य है पर निगमन में नहीं, अतः वही माध्यम पद हुआ। इसी पद के द्वारा निगमन में वृहत्-पद और लघु-पद में सम्बन्ध स्थापित किया जाता है, इसलिए इसका नाम माध्यम पद है। पहले वाक्य में 'college student' और

'matriculate',दूसरे वाक्य में'Sheila'और'college student',पदों में सम्बन्ध दिखलायेगा या है, अतः निगमन में `sheila' और 'matriculate' पदों में सम्बन्ध सम्भव हुआ है। इसलिए प्रत्येक न्याय में निगमन का उद्देश्य पद, लघु पद, विधेय पद, वृहत् पद, और आधार-वाक्यों का सामान्य पद, माध्यम पद कहलाता है (Subject of the conclusion is called minor term predicate of the conclusion major term and the term common in both premises, middle term)।

दो आधार-वाक्यों में वह जिसमें वृहत् पद (major term) रहता है, वृहत्वाक्य (major premise) और यह जिसमें लघु-पद (minor term) पाया जाता है, लघु वाक्य (minor premise) कहा जाता है। (a) और (b) में (a) वृहत् वाक्य (major premise)और(b)लघु वाक्य(minor premise) है।(a) में वृहत्-पद'matriculate' और (b) में लघु-पद ' sheila' है। वह वाक्य जिसमें वृहत् पद और लघु पद दोनों हों, निगमन (conclusion) है। (c) निगमन है क्योंकि 'sheila' और 'matriculate' लघु और वृहत् पद दोनों उसमें है। अतः प्रत्येक न्याय में वह आधार-वाक्य जिसमें वृहत् पद हो वृहत् वाक्य, जिसमें लघु पद हो लघु वाक्य और जिसमें दोनों हों, निगमन कहा जाता है (That premise in which the major term occurs is the major premise, that in which the minor term occurs is the minor premise and that proposition in which both the terms occur is the conclusion.)

जब न्याय तार्किक रूप में व्यक्त हो तो सर्वप्रथम वृहत् वाक्य (major premise) तब लघु वाक्य (minor premise) और अन्त में निगमन (conclusion) रहता है।

वृहत्-पद, लघु-पद और माध्यम पद का नामकरण अरस्तू ने किया था। उसने उस न्याय को, जिसमें तीनों वाक्य 'A' हों और जिसमें सामान्य पद वृहत् वाक्य में उद्देश्य और लघुवाक्य में विधेय के स्थानं पर हो, सबसे उत्तम रूप माना था। उपर्युक्त उदाहरण न्याय के वैसे ही रूप का है। इसमें यदि पदों की व्यापकता की तुलना की जाय तो सबसे अधिक व्यापक 'matriculate' पद, तब 'college student'और अन्त में'Sheila'होता है। इसलिए उसने 'matriculate'जो सबसे अधिक व्यापक है उसको वृहत् पद, 'college student'जो बीच में हैं माध्यम पद और 'Sheila' जो सबसे कम व्यापक है लघुपद कहा है। हालांकि न्याय के अन्य रूपों में यह सत्य नहीं हैं तब भी इस नामकरण की चलन हो गई और निगमन के विधेय को वृहत्-पद, उद्देश्य को लघुपद और सामान्य पद को माध्यम पद कहा जाता है।

सांकेतिक उदाहरणों में वृहत् पद (major term) को 'P' से क्योंकि वह निगमन का विधेय (predicate) होता है, लघु पद (minor term) को 'S' से क्योंकि वह निगमन का उद्देश्य (subject) होता है और माध्यम पद (middle term) को 'M' से संकेत किया जायेगा।

2.8 न्याय के प्रकार *(Kinds of Syllogism)*

सम्बन्ध के अनुसार तार्किक वाक्य तीन प्रकार के होते हैं, निरपेक्ष (categorical),

हेत्वाश्रित(hypothetical) और वैकल्पिक(disjunctive)। इन तीनों का न्याय में प्रयोग हो सकता है। इसलिए न्याय के दो प्रकार के होते हैं, शुद्ध(pure) और मिश्रित(mixed)।

जब न्याय के दोनों आधार-वाक्य एक ही सम्बन्ध के हों तब उसे शुद्ध न्याय (Pure syllogism) कहा जाता है जैसे, 'All fools are simple, Hari is a fool, therefore, Hari is simple'। इनमें दोनों आधार-वाक्य निरपेक्ष अर्थात् एक ही सम्बन्ध के हैं। यह शुद्ध न्याय का उदाहरण है।

जब न्याय के दोनों आधार-वाक्य भिन्न सम्बन्ध के हों तब उसे मिश्र न्याय (Mixed Syllogism) कहा जाता है, जैसे, If it rains in time, there will be crop; it has rained in time, therefore, there will be crop—इसमें एक आधार वाक्य हेत्वाश्रित और दूसरा निरपेक्ष है, अतः यह मिश्र न्याय है।

फिर शुद्ध न्याय भी तीन प्रकार के हो सकते हैं, शुद्ध निरपेक्ष (Pure categorical), शुद्ध हेत्वाश्रित(Pure hypothetical) और शुद्ध वैकल्पिक(Pure disjunctive)। शुद्ध निरपेक्ष के दोनों आधार-वाक्य निरपेक्ष, शुद्ध हेत्वाश्रित में दोनों आधार-वाक्य हेत्वाश्रित और शुद्ध वैकल्पिक में दोनों आधार-वाक्य वैकल्पिक होते हैं।

पहला उदाहरण शुद्ध निरपेक्ष न्याय का है।

If A is B, C is D. If E is F, A is B. ∴ If E is F, C is D.	यह शुद्ध हेत्वाश्रित का उदाहरण हुआ।
A is either B or C. A is either not-B or D. ∴ A is either C or D.	यह शुद्ध वैकल्पिक न्याय का उदाहरण हुआ।

इसी प्रकार मिश्र न्याय भी तीन प्रकार के हो सकते हैं, मिश्र-हेत्वाश्रित (Mixed hypothetical), मिश्र वैकल्पिक (Mixed disjunctive) और द्विविधा (Dilemma)। वह न्याय जिसमें एक आधार-वाक्य हेत्वाश्रित और दूसरा निरपेक्ष वाक्य हो मिश्र हेत्वाश्रित, वह जिसमें एक आधार-वाक्य वैकल्पिक और दूसरा निरपेक्ष वाक्य हो मिश्र वैकल्पिक, वह जिसमें एक आधार-वाक्य दो हेत्वाश्रित वाक्यों का संयोग और दूसरा वैकल्पिक वाक्य हो, द्विविधा कहा जाता है। इनके उदाहरण अगले प्रकरण में मिलेंगे।

- न्याय
  - शुद्ध (Pure)
    - निरपेक्ष (Pure Categorical)
    - हेत्वाश्रित (Pure Hypothetical)
    - वैकल्पिक (Pure Disjunctive)
  - मिश्रित (Mixed)
    - मिश्र हेत्वाश्रित (Mixed Hypothetical)
    - मिश्र वैकल्पिक (Mixed Disjunctive)
    - द्विविधा (Dilemma)

जितने भी शुद्ध न्याय हैं, शुद्ध निरपेक्ष वा शुद्ध हेत्वाश्रित वा शुद्ध वैकल्पिक, लगभग सबों में समान नियम लागू होते हैं, पर मिश्र न्याय के भिन्न रूपों के अलग-अलग नियम हैं।

2.9 न्याय के आकार (*Figure*)

न्याय में तीन पद होते हैं, वृहत्पद (major term), लघु पद (minor term) और माध्यम पद (middle term)। न्यायों में ये तीनों पद समान (एक) ही हों पर यदि उनका स्थान बदल जाय तो न्यायों में भेद हो जाता है। न्यायों के तीन पद को S, P और M से संकेत कर उन्हें भिन्न स्थानों में रखें—S minor term के लिए P major term के लिए और M middle term के लिए—

(a)	(b)	(c)	(d)
All M is P	All P is M	All M is P	All P is M
All S is M	All S is M	All M is S	All M is S
∴ S—P	∴ S—P	∴ S—P	∴ S—P
I	II	III	IV

इस न्यायों में तीनों पद समान हैं—S, P और M पर तो भी सब में भेद है क्योंकि पदों का स्थान भिन्न है। माध्यम पद (Middle term), (a) में वृहत् वाक्य में उद्देश्य और लघुवाक्य में विधेय है, (b) में दोनों वाक्यों में विधेय है, (c) में दोनों वाक्यों में उद्देश्य और (d) में वृहत् वाक्य में विधेय और लघुवाक्य में उद्देश्य है। इस प्रकार माध्यम पद के स्थान बदल जाने से न्याय बदल जाता है। इसलिए माध्यम पद के भिन्न स्थानों के आधार पर जो भिन्न न्याय हो जाते हैं उन्हें आकार (Figure) कहा जाता है।

अब हमें देखना चाहिए कि माध्यम पद के दोनों वाक्यों में कितने स्थान हो सकते हैं। माध्यम पद वृहत् वाक्य में उद्देश्य और लघुवाक्य में विधेय (a), या दोनों में विधेय (b) या दोनों में उद्देश्य (c), या वृहत् वाक्य में विधेय और लघु वाक्य में उद्देश्य (d), हो सकता है। इनके अतिरिक्त अन्य सम्भावना नहीं है। अतः आकार (Figure) चार हो सकते है। उपर्युक्त उदाहरण उन्हीं चारों आकारों के हैं। इनमें (a) प्रथम आकार (First Figure), (b) द्वितीय आकार(Second Figure), (c) तृतीय आकार(Third Figure) और (d) चतुर्थ आकार (Fourth Figure) कहा जाता है।

प्रथम आकार में माध्यम पद वृहत् वाक्य में उद्देश्य और लघुवाक्य में विधेय के स्थान पर रहता है।

द्वितीय आकार में माध्यम पद दोनों आधार-वाक्यों में विधेय के स्थान पर रहता है।

तृतीय आकार में माध्यम पद दोनों आधार-वाक्यों में विधेय और लघु वाक्य में उद्देश्य के स्थान पर रहता है।

चतुर्थ आकार में माध्यम पद वृहत् वाक्यों में विधेय और लघु वाक्य में उद्देश्य के स्थान पर रहता है।

आकारों को चित्र के द्वारा भी व्यक्त किया जाता है।

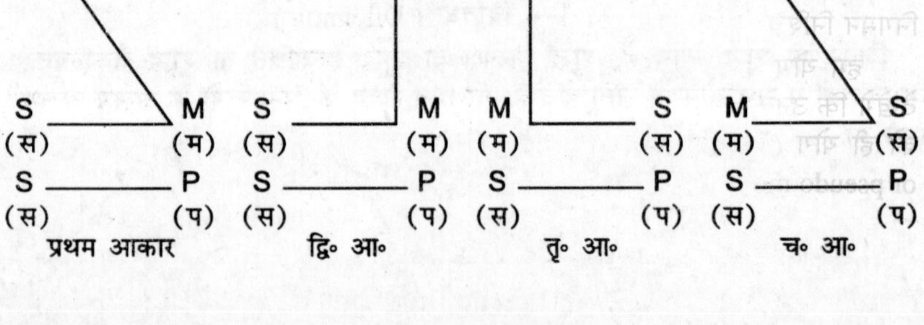

पहली रेखा वृहत् वाक्य के लिए, दूसरी लघुवाक्य के लिए और तीसरी निगमन के लिए है। दोनों वाक्यों के बीच माध्यम पद के द्वारा सम्बन्ध स्थापित होता है अतः एक रेखा दोनों वाक्यों में 'M' को जोड़ती है।

2.10 न्याय के योग

गुण और परिमाण के आधार पर वाक्य चार प्रकार के होते हें, A, E, I, O; किसी भी न्याय (Syll.) में दो आधार वाक्य और एक निगमन होता है। अब ये तीनों वाक्य A, E, I या O में से कोई तीन हो सकते हैं, जैसे, A वृहत् वाक्य, E लघु वाक्य और निगमन E (AEE) या A वृहत् I लघु और I निगमन (All), आदि। इस प्रकार वाक्यों के गुण और परिमाण के आधार पर न्याय के भिन्न रूप सम्भव हैं। इन रूपों को योग (Mood) कहा जाता है। AEE एक mood है, All दूसरा और इसी प्रकार अन्य योग (moods) होते है।

अब हमें यह देखना है कि योग (moods) कितने हो सकते हैं। यदि न्याय के केवल आधार-वाक्यों को ही लिया जाए तो वृहत् वाक्य (major premise) A और उसके साथ लघुवाक्य A या E या I या O हो सकता है या वृहत् वाक्य E और उसके साथ लघुवाक्य A या E या I या O हो सकता है या वृहत् वाक्य I और उसके साथ लघुवाक्य A या E I या O हो सकता है या वृहत् वाक्य O और उसके साथ लघुवाक्य A या E या I या O हो सकता है।

यदि केवल वृहत् और लघुवाक्य लिए जायँ तो,

A A	E A	I A	O A
A E	E E	I E	O E
A I	E I	I I	O I
A O	E O	I O	O O

अतः ये 16 योग सम्भव हैं। पर प्रत्येक योग चारों आकार में भिन्न होंगे। A A प्रथम आकर में, A A द्वितीय आकार में, AA तृतीय आकर में, AA चतुर्थ आकार में। इसी प्रकार अन्य योग भी चारों आकार में चार-चार हो जायेंगे। इसलिए चारों आकार में कुल $16 \times 4 = 64$ योग होते हैं। ये 64 योग तब होते हैं जब केवल आधार-वाक्यों के गुण और परिमाण को लिया जाता है। यह योग का संकुचित अर्थ है।

यदि निगमन के गुण और परिमाण को भी लें, तो प्रत्येक योग के चार रूप हो जाते हैं। यदि AA आधार वाक्य हैं, तो उनमें निगमन A या E या I या O (AAA, AAE, AAI, AAO) निकाला जा सकता है। इसी प्रकार अन्य योगों के भी चार-चार रूप होंगे। इसलिए निगमन को लेकर कुल $64 \times 4 = 256$ योग सम्भव हैं। यह योग का वृहत् अर्थ है। पर योग का यह अर्थ ठीक नहीं है, क्योंकि जब दोनों आधार-वाक्य दिए हुए हैं तो निगमन निश्चित होगा, A या E या I या O। चारों को निगमन कल्पना करना निर्मूल है।

हम योग को 64 मानें या 256, सभी वैध नहीं होते। नियमों के लागू करने पर हम देखेंगे कि उनके केवल 19 ही वैध होते हैं। कुछ तर्कशास्त्री ने वैध योगों अर्थात् 19 योगों को ही योग (mood) कहा है। बाकी सम्भव योगों को उन्होंने अवैध योग (invalid or pseudo mood) कहा है।

न्याय की वैधता की जाँच (*Test*)

सम्भव योगों की संख्या तो 64 होती है पर वे सभी वैध नहीं होते। इसलिए हमें न्याय (Syll.) की वैधता की जाँच का नियम जानना चाहिए। न्याय की वैधता को जाँचने का भिन्न तरीका या नियम रहा है।

(i) अरस्तू ने न्याय की वैधता को जाँचने में एक विशेष सिद्धान्त से काम लिया। उसे Aristotle's Dictum और Reduction कहा जाता है।

(ii) कुछ गणितज्ञों ने चित्रों (Diagrams) के द्वारा न्याय की वैधता जाँच की है।

(iii) न्याय की वैधता साधारण नियमों के द्वारा भी जाँची जाती है। इन नियमों को न्याय का साधारण नियम (General syllogistic rules या Canons of syllogism) कहा जाता है।

(iv) प्रत्येक आकार (Figure) के लिए विशेष नियम हैं। उनके द्वारा भी न्याय की वैधता जाँची जाती है। उन्हें विशेष नियम (Special rules) कहा जाता है।

2.11 अरस्तू का सिद्धान्त

अरस्तू ने वैध न्याय का केवल एक नियम बतलाया है। इस नियम को 'सम्पूर्ण और कोई नहीं' (Dictum de omni et nullo) का नियम कहा जाता है। यह सब और कोई नहीं के सम्बन्ध में वक्तव्य है। इस सिद्धान्त की व्याख्या इस प्रकार की जाती है— 'जिसका भी विधान या निषेध किसी वर्ग के बारे में किया जाता है उसका विधान या निषेध उसी तरह उस वर्ग के अन्तर्गत आने वाले किसी भी पदार्थ के बारे में किया जा सकता है (Whatever is predicated of a class or thing may be predicated in like manner to anything contained in the class)

नियम की व्याख्या

यदि किसी भीं पदार्थ का, जैसे, 'प' का, किसी वर्ग 'सब म', के बारे में विधान किया जाय या निषेध किया जाए अर्थात् सब म प है या कोई म प नहीं है तब वह अर्थात् 'प' उस वर्ग 'म' में जो भी पदार्थ हो अर्थात् 'स' म है, उसका अर्थात् 'स' का उसी प्रकार अर्थात् विधान या निषेध किया जा सकता है अर्थात् सभी स प है या कोई स प नहीं है। इसका पूर्ण रूप है—

सभी म प है या कोई म प नहीं है;
सभी स म है;
∴ सभी स प है या कोई स प नहीं है।

भैटले (Whatley) ने इस सिद्धान्त का निम्न तरीके से विश्लेषण किया है:—

1. किसी वर्ग के बारे में जो भी विधान या निषेध किया जाय—वृहत् वाक्य

   All M is P or No M is P

2. जो भी उस वर्ग में हो—लघुवाक्य

   All S is M or Some S is M

3. वह (जो वर्ग के बारे में विधान या निषेध किया गया है) उस पदार्थ (जो वर्ग में हो) के बारे में उसी प्रकार विधान या निषेध किया जा सकता है—निष्कर्ष।

∴ All S is P | No S is P
या Some S is P | या ∴ Some S is not P

इस विश्लेषण से यह स्पष्ट है कि माध्यमपद का स्थान वृहत्-वाक्य में उद्देश्य तथा लघुवाक्य में विधेय का होगा। यह प्रथम आकार है। अतः यह नियम केवल प्रथम आकार के लिए ही है। अरस्तू ने इसलिए केवल प्रथम आकारं को ही यथार्थ आकार माना है।

अरस्तू के सिद्धान्त से यह स्पष्ट है कि वृहत् वाक्य अवश्य ही पूर्णव्यापी होगा क्योंकि कोई पदार्थ का सम्पूर्ण वर्ग के बारे में विधान या निषेध किया गया है। लघुवाक्य केवल भावात्मक होगा क्योंकि यह उस सम्बन्ध को व्यक्त करता है जिससे किसी पदार्थ का किसी वर्ग में होने का संकेत किया जाता है। ये दोनों नियम प्रथम आकार के विशेष नियम हैं। इनसे प्रथम आकार के चार वैध सिद्ध होते हैं।

—AAA, EAE, All, EIO

अरस्तू के सिद्धान्त से न्याय के साधारण नियमों की भी व्युत्पत्ति होती है।

(1) प्रत्येक न्याय में तीन पदों का होना आवश्यक है। (क) कोई पदार्थ (एक पद) किसी वर्ग (दूसरा पद) के बारे में विधान या निषेध किया गया और (ख) कोई पदार्थ (तीसरा पद) जो उस वर्ग (दूसरा) में हो (ग) उसके (तीसरा) बारे में वही पदार्थ (पहला) उसी भाँति विधान या निषेध किया जा सकता है। कुल मिलाकर तीन पद हुए प्रत्येक दो बार।

(2) उपर्युक्त से स्पष्ट है कि प्रत्येक न्याय में तीन वाक्य होंगे—दो आधार वाक्य (क) और (ख) और एक निष्कर्ष (ग)।

(3) जो पदार्थ किसी वर्ग के बारे में विधान या निषेध किया गया हो—और कोई पदार्थ उस वर्ग में हो अर्थात् वह वर्ग ही माध्यमपद है। विधान या निषेध वर्ग का होता है, अतः माध्यमपद अवश्य व्याप्त रहना चाहिए। इसलिए किसी न्याय में माध्यमपद कम-से-कम एक बार अवश्य रहना चाहिए।

(4) वर्ग के बारे में जिस तरीके से विधान या निषेध हुआ है वैसे ही उस पदार्थ को होना चाहिए जो उस वर्ग में हो, उससे अधिक नहीं अर्थात् कोई पद निष्कर्ष में नहीं व्याप्त होना चाहिए जो आधार-वाक्य में व्याप्त नहीं हो।

(5) इस सिद्धानत से यह भी स्पष्ट है कि कोई पदार्थ किसी वर्ग में हो अर्थात् वह वाक्य भावात्मक होगा। इसिलए कम-से-कम एक आधार वाक्य भावात्मक होगा।

(6) यदि किसी पदार्थ का किसी वर्ग के बारे में विधान किया गया है तो उस पदार्थ के बारे में, जो उस वर्ग में है, विधान किया जायगा पर यदि निषेध किया गया है तो निषेध किया जायगा। अतः यदि एक आधार-वाक्य निषेधात्मक है तो निष्कर्ष भी निषेधात्मक होगा।

अरस्तू के सिद्धान्त से केवल प्रथम आकार के योग सिद्ध होते हैं। इसलिए द्वितीय, तृतीय और चतुर्थ आकारों के योगों को सिद्ध करने के लिए भैटले, जैवन्स तथा लैम्बर्ट ने अन्य नियमों की स्थापना की है। अरस्तू ने अन्य आकार के योगों को प्रथम आकार के योग में रूपान्तर (Reduce) कर उन्हें सिद्ध किया है।

2.12 रूपान्तरण *(Reduction)*

रूपान्तरण का वृहत् अर्थ है किसी आकार के योग को किसी दूसरे योग में रूपान्तर कर देना। इसका संकुचित अर्थ है अपूर्ण आकार (द्वितीय, तृतीय तथा चतुर्थ) के योगों को प्रथम आकार के किसी एक योग में रूपान्तर। प्रथम आकार के योग अरस्तू के नियमों से सिद्ध होते हैं। अतः यदि अन्य आकार के योग में उसमें नियमानुकूल परिवर्तित हो

जाते हैं तो उससे उनकी वैधता सिद्ध होती है। अतः रूपान्तरण द्वितीय, तृतीय और चतुर्थ आकार के यथार्थ योगों को प्रथम आकार के योग में परिवर्तित करके सिद्ध करने की विधि है। इससे सभी योगों की मूलभूत एकता भी स्थापित होती है।

रूपान्तरण दो प्रकार का होता है—प्रत्यक्ष (Direct) और परोक्ष (Indirect)।

(1) प्रत्यक्ष रूपान्तरण *(Direct Reduction)* प्रत्यक्ष रुपान्तरण में किसी अपूर्ण आकार के योग को आवर्तन या आधार-स्थानान्तरण के द्वारा प्रथम आकार के किसी योग में परिवर्तित किया जाता है।

(2) परोक्ष रूपान्तरण *(Indirect Reduction)*—व्याघात प्रदर्शन (Reductio ad absurdum) :

परोक्ष रूपान्तरण में प्रथम आकार की सहायता से सिद्ध किया जाता है कि मूल न्याय के निष्कर्ष का व्याघातक वाक्य मिथ्या है; अतः मूल निष्कर्ष सत्य है।

CESARE
B—No P is M मूल वृहत् वाक्य—E—No P is M
A—All S is M
E—∴ No S is P—इसका व्याघातक—I—Some S is P
∴ O—Some S is not M यह मूल

लघुवाक्य All S is M का व्याघातक है, अतः मिथ्या है। इसलिए मूल निष्कर्ष सत्य है।

सिद्ध करने की विधि

CESARE		FERIO
E—No P is M ⟷		No P is M—E
A—All S is M		
E—∴ No S is P	Contradictory—	Some S is P—I
		∴ Some S is not M—O

यदि निष्कर्ष,'No S is P'सत्य नहीं है, तब इसका व्याघातक(Some is P—1'अवश्य सत्य होगा (आधार-वाक्य की सत्यता निगमनात्मक अनुमान में मान ली जाती है)। अब Some S is P—I को लघुवाक्य और मूल वृहत्वाक्य No P is M—E को वृहत्-वाक्य के स्थान में रखने पर प्रथम आकार—FERIO में Some S is not M—O निष्कर्ष निकलता है। यह निष्कर्ष मूल लघुवाक्य—All S is M —A का व्याघातक है। अतः दोनों सत्य नहीं हो सकते। मूल लघुवाक्य की सत्यता मान ली गई है, अतः नया निष्कर्ष असत्य होगा। यह असत्यता अनुमान की क्रिया में दोष होने से नहीं है, क्योंकि यह प्रथम आकार में यथार्थ योग F E RI O है। वृहत् वाक्य मूल वृहत् वाक्य है, अतः असत्य नहीं हो सकता। इसलिए लघुवाक्य 'Some S is P' I ही असत्य है। यदि यह असत्य है तो इसका व्याघातक मूल निष्कर्ष—No S is P—अवश्य सत्य होगा। इसलिए मूल न्याय C E S A RE शुद्ध है।

2.13 शुद्ध हेत्वाश्रित न्याय *(Pure Hypothetical Syllogism)*

जिस न्याय में दोनों आधार-वाक्य हेत्वाश्रित(Hypothetical) हों उसे शुद्ध हेत्वाश्रित न्याय (Pure Hypothetical Syllogism) कहा जाता है।

उदाहरण

If A is B, C is D If X is Y, A is B If X is Y, C is D	इसमें दोनों आधार-वाक्य हेत्वाश्रित हैं। यह शुद्ध हेत्वाश्रित न्याय है।

इस न्याय के योग (moods) और नियम, शुद्ध निरपेक्ष न्याय (Pure Categorical Syllogism) की ही भाँति हैं। उन्हीं साधारण नियमों से इसकी भी जाँच होती है। इसमें वृहत्वाक्य और लघुवाक्य के उद्देश्य हेत्वाश्रित वाक्यों के पूर्ववर्ती (antecedents) और विधेय, अनुवर्ती (consequents) होते हैं। उपर्युक्त उदाहरण में वृहत्वाक्य का उद्देश्य 'A is B' है और लघुवाक्य का 'X is Y'। वृहत्वाक्य का विधेय 'C is D' और लघुवाक्य का 'A is B'। निष्कर्ष का उद्देश्य अर्थात् लघुपद 'X is Y' और विधेय, वृहत्पद 'C is D' है। अतः यह पहले आकार में Barbara योग है।

परिभाषा

शुद्ध हेत्वाश्रित न्याय में दोनों आधार-वाक्य और निगमन हेत्वाश्रित वाक्य होते हैं, जैसे, If A is B, C is D

If E is F, A is B

∴ If E is F, C is D.

इसमें दोनों आधार-वाक्यों का एक ही गुण है अर्थात् एक ही किस्म के हैं, इसलिए यह शुद्ध न्याय है और दोनों आधार-वाक्य हेत्वाश्रित हैं, अतः इसे शुद्ध हेत्वाश्रित न्याय कहा जाता है।

2.14 मिश्र न्याय *(Mixed Syllogism)*

(1) हेत्वाश्रित-निरपेक्ष न्याय (Hypothetical-categorical Syllogism)

(2) वैकल्पिक-निरपेक्ष न्याय (Disjunctive-categorical Syllogism)

(3) हेत्वाश्रित-वैकल्पक न्याय या द्विविधा(Hypothetical-disjunctive Syllogism or Dilemma)

अब इन तीनों का अलग-अलग विचार किया जायगा।

(1) हेत्वाश्रित-निरपेक्ष न्याय *(Hypothetical-categorical Syllgism)*

परिभाषा—हेत्वाश्रित-निरपेक्ष न्याय एक प्रकार का मिश्र न्याय है जिसमें वृहत् वाक्य हेत्वाश्रित (hypothetical), लघुवाक्य तथा निगमन (categorical) होते हैं। इसे मिश्र-हेत्वाश्रित न्याय (mixed hypothetical Syll.) भी कहा जाता है। उदाहरण—

If one reads hard he will succeed.	यदि कोई मेहनत से पढ़े तो वह सफल होगा—वृहत्वाक्य
Ram has read hard.	राम मेहनत से पढ़ा है—लघुवाक्य
∴ Ram will succeed.	∴ राम सफल होगा—निगमन

इसमें वृहत्वाक्य हेत्वाश्रित, लघुवाक्य तथा निगमन निरपेक्ष है। हय मिश्र हेत्वाश्रित न्याय है। इस न्याय में हेत्वाश्रित वाक्य ही अनुमान का आधार होता है, हेत्वाश्रित वाक्य के दो भाग होते हैं, पूर्ववर्ती (antecedent) और अनुवर्ती (consequent)। उपर्युक्त वाक्य में कोई मेहनत से पढ़े' पूर्ववर्ती है और 'वह सफल होगा' अनुवर्ती। अनुवर्ती पूर्ववर्ती पर निर्भर रहता है। यहाँ 'सफल होना' 'पढ़ने पर' निर्भर बतलाया गया है। 'सफल' होने का 'मेहनत से पढ़ना' शर्त्त है। लघुवाक्य निरपेक्ष होता है। उसमें वृहत्वाक; को वास्तविक उदाहरण में लागू किया जाता है। यहाँ यह बताया गया है कि राम ने मेहनत से पढ़ा है। चूँकि मेहनत से पढ़ने पर ही सफल होना निर्भर है, इसलिये निष्कर्ष यह निकला कि राम सफल होगा।

नियम

मिश्र हेत्वाश्रित न्याय की वैधता दो नियमों पर निर्भर है।

यदि इनका पालन न किया तो इस न्याय में दोष आ जायगा।

(i) यदि लघुवाक्य में हेत्वाश्रित वाक्य के पूर्ववर्ती का हम विधान करें तो निगमन में हेत्वाश्रित के अनुवर्ती का विधान कर सकते हैं, पर इसका विपरीत सत्य नहीं होता अर्थात् लघुवाक्य में हेत्वाश्रित वाक्य के अनुवर्ती का विधान कर निगमन में पूर्ववर्ती का विधान नहीं किया जा सकता है।

(If we affirm the antecedent in the minor premise, we may affirm the consequent in the conclusion but not conversely, that is by affirming the consequent in the minor premise the antecedent can not be affirmed in the conclusion.)

उदाहरण If there is sun, there is light.
There is sun.
∴ There is light.

इस उदाहरण में वृहत्-वाक्य 'If there is sun, there is light' हेत्वाश्रित है। 'there is sun' पूर्ववर्ती और 'there is light' अनुवर्ती है। लघुवाक्य में पूर्ववर्ती का विधान किया गया है, इसलिए निगमन में अनुवर्ती का विधान किया गया है।

उदाहरण

If there is sun, there is light,	यदि सूरज है, तो रोशनी है।
There is light	रोशनी है।
(No conclusion)	(निगमन नहीं होगा।)

इस उदाहरण में लघुवाक्य में अनुवर्ती का विधान किया गया है, अतः निगमन में पूर्ववर्ती का विधान नहीं किया जा सकता है।

प्रमाण

इस मिश्र न्याय का वृहत्-वाक्य हेत्वाश्रित होता है। हेत्वाश्रित वाक्य में यह बताया जाता है कि एक घटना दूसरी घटना पर निर्भर है—जैसे, सूरज के होने पर रोशनी का होना। यहाँ सूरज के रहने पर निर्भर है, रोशनी का होना। अतः जब यह ज्ञान हो जाय कि सूरज है तब यह भी निष्कर्ष निकलता है कि रोशनी है। इसी प्रकार किसी पूर्ववर्ती 'क' पर यदि 'ख' अनुवर्ती निर्भर हो तब 'क' के भाव से 'ख' का भाव निष्कर्ष रूप निकलता है। इसलिए नियम है कि पूर्ववर्ती का विधान करके अनुवर्ती का विधान किया जा सकता है। पर रोशनी होना सूरज के होने के अतिरिक्त और भी अन्य बातां पर निर्भर है, जैसे, लैंप के होने, बिजली बत्ती के होने आदि पर। इसलिए यदि रोशनी का होना मालूम हो तो उससे यह निष्कर्ष नहीं निकलता कि सूरज है। इसी प्रकार किसी पूर्ववर्ती 'क' पर यदि कोई अनुवर्ती 'ख' निर्भर हो तब 'ख' के भाव से 'क' के भाव का अनुमान नहीं किया जा सकता है, क्योंकि 'ख' दूसरी वजहों से भी हो सकता है। इसलिए यदि अनुवर्ती का लघु-वाक्य में विधान किया जाय तो निगमन में पूर्ववर्ती का विधान नहीं किया जा सकता है।

(2) यदि लघुवाक्य में हेत्वाश्रित वाक्य के अनुवर्ती का हम निषेध करें तो निगमन में हेत्वाश्रित वाक्य के पूर्ववर्ती का हम निषेध कर सकते हैं, पर इसका विपरीत सत्य नहीं होता अर्थात् लघुवाक्य में हेत्वाश्रित वाक्य के पूर्ववर्ती का निषेध कर निगमन में अनुवर्ती का निषेध नहीं किया जा सकता है।

(If we deny the consequent in the minor premise, we may deny the antecedent in the conclusion but not conversely; that is by denying the antecedent we can not deny the consequent.)

उदाहरण

If a man is hurt, he gets pain.	यदि किसी को चोट लगती है तो उसे दर्द होता है।
He has no pain.	उसे दर्द नहीं है।
∴ He is not hurt	∴ उसे चोट नहीं लगी है।

इसमें हेत्वाश्रित वाक्य 'यदि किसी को चोट लगती है तो उसे दर्द होता है' के अनुवर्ती 'उसे दर्द होता है' वाक्य का लघुवाक्य में निषेध (deny) किया गया है, इसलिए पूर्ववर्ती 'उसे चोट लगी है' का निगमन में निषेध किया गया है। इसकी विपरीत क्रिया सत्य नहीं होती।

उदाहरण

If a man is hurt, he gets pain.	यदि किसी को चोट लगती है तो उसे दर्द होता है।
He is not hurt.	उसे चोट नहीं लगी है।
(No conclusion)	(निगमन नहीं होगा)

इसमें पूर्ववर्ती का लघुवाक्य में निषेध किया गया है, इसलिए निगमन में अनुवर्ती का निषेध नहीं किया जा सकता है।

प्रमाण

इस न्याय में वृहत्वाक्य हेत्वाश्रित होता है जिसमें पूर्ववर्ती पर अनुवर्ती निर्भर रहता है। पूर्ववर्ती शर्त होता है और अनुवर्ती उसका फल। इसलिए यदि फल नहीं है तो इसका अर्थ यह है कि वह शर्त भी नहीं है। शर्त रहती है तो फल अवश्य होता। उपर्युक्त उदाहरण में 'दर्द होना' 'चोट लगने' पर निर्भर बतलाया गया है। 'चोट लगना' शर्त है और 'दर्द होना' उसका फल। यदि दर्द नहीं है तो यह अनुमान किया जा सकता है कि चोट नहीं लगी है, क्योंकि यदि चोट लगती तो दर्द होता। इसलिए यह नियम है कि अनुवर्ती का निषेध कर पूर्ववर्ती का निषेध किया जा सकता है; पर दर्द होना चोट लगने के अतिरिक्त और भी अन्य बातों पर निर्भर है जैसे कमजोरी, वायु, ज्यादा चलना आदि। इसलिए यदि चोट नहीं लगी हो तो यह अनुमान नहीं किया जा सकता कि 'दर्द नहीं है'। यदि एक शर्त अनुपस्थित हो तो दूसरी शर्तों से वह फल हो सकता है। यदि चोट नहीं लगी हो तो भी कमजोरी से दर्द हो सकता है। इसलिए यह नियम है कि पूर्ववर्ती का निषेध कर अनुवर्ती का निषेध नहीं किया जा सकता है।

दोष (*Fallacies*)

मिश्र हेत्वाश्रित न्याय के दोनों नियमों का उल्लंघन करने से अनुमान दोषपूर्ण हो जाता है। पहला नियम है, पूर्ववर्ती का विधान कर अनुवर्ती का विधान किया जा सकता है, पर इसके विपरीत नहीं। यदि उसका उल्लंघन किया जाय अर्थात् अनुवर्ती का विधान कर पूर्ववर्ती का विधान किया जाय तो अनुमान दूषित हो जायगा। इसका कारण यह है कि अनुवर्ती अन्य बातों के रहने से भी उपस्थित रह सकता है। अतः इसके उपस्थित रहने से पूर्ववर्ती का उपस्थित रहना निश्चित नहीं है। इस दोष को अनुवर्ती-भाव दोष (fallacy of affirming the consequent) कहा जाता है।

उदाहरण

If there is sun, there is light.	यदि सूरज है तो रोशनी है;
There is light.	रोशनी है।
∴ There is sun.	∴ सूरज है।

इसमें अनुवर्त्ती का विधान कर पूर्ववर्ती का विधान किया गया है। रोशनी रहने से सूरज का रहना निश्चित रूप से अनुमान नहीं किया जा सकता। दूसरी वजहों से भी रोशनी रह सकती है। इसमें अनुवर्ती-भाव दोष (fallacy of affirming the consequent) है।

दूसरा नियम है—अनुवर्ती का निषेध कर पूर्ववर्ती का निषेध किया जा सकता है पर इसके विपरीत नहीं। यदि इस नियम का उल्लंघन किया जाय अर्थात् पूर्ववर्ती का निषेध कर अनुवर्ती का निषेध किया जाय तो भी अनुमान दोषपूर्ण हो जायेगा। इसका कारण यह है कि पूर्ववर्ती के अनुपस्थित रहने पर भी अनुवर्ती उपस्थित रह सकता है क्योंकि उसकी अन्य शर्त्तें हो सकती हैं। इस दोष को पूर्ववर्ती-निषेध (fallacy of denying the antecedent) कहा जाता है।

प्रकार (*Moods*)

उपर्युक्त दोनों नियमों के आधार पर मिश्र हेत्वाश्रित न्याय दो प्रकार के होते हैं, विधायक (Constructive or Modus Ponens) और निषेधक या विघातक (Destructive or Modus Tollens)।

विधायक रूप (*Constructive Form*)

इसमें पहले नियम का पालन किया जाता है अर्थात् जब पूर्ववर्ती का विधान कर अनुवर्ती का विधान किया जाय तो वह मिश्र हेत्वाश्रित न्याय विधायक कहा जाता है।

उदाहरण

It there is rain, the ground is wet.	यदि वर्षा हुई तो जमीन भींगी है।
There is rain.	वर्षा हुई है।
∴ The ground is wet.	∴ जमीन भींगी है।

यहाँ पूर्ववर्ती का विधान कर अनुवर्ती का विधान किया गया है, अतः यह विधायक न्याय हुआ।

विघातक या निषेधक रूप (*Destructive Form*)

इसमें दूसरे नियम का पालन किया जाता है; अर्थात् जब अनुवर्ती का निषेध कर पूर्ववर्ती का निषेध किया जाय तो वह मिश्र हेत्वाश्रित न्याय विघातक या निषेधक कहा जाता है।

If the five year plan succeeds, India will prosper.	यदि पंचवर्षीय योजना सफल हो तो भारत उन्नत होगा।
India has not prospered.	भारत उन्नत नहीं हुआ है।
∴ The five year plan has not succeeded.	∴ पंचवर्षीय योजना सफल नहीं हुई है।

इसमें अनुवर्ती का निषेध कर पूर्ववर्ती का निषेध किया जाता है। अतः यह विघातक न्याय हुआ।

(2) वैकल्पिक-निरपेक्ष न्याय (*Disjunctive-categorical Syllogism*)

परिभाषा

यह मिश्र न्याय का वह रूप है, जिसमें वृहत्वाक्य वैकल्पिक (disjunctive), लघुवाक्य निरपेक्ष और निगमन निरपेक्ष होता है। इसे मिश्र वैकल्पिक न्याय (Mixed disjunctive syllogism) कहा जाता है।

उदाहरण

The students of this college play either football or cricket.	इस कॉलेज के विद्यार्थी या फुटबॉल खेलते हैं या क्रिकेट।
The student of this college do not play cricket.	वे क्रिकेट नहीं खेलते।
∴ They play football.	∴ वे फुटबॉल खेलते हैं।

इसमें वृहत्वाक्य वैकल्पिक, लघुवाक्य तथा निगमन निरपेक्ष हैं। यह मिश्र वैकल्पिक न्याय (Mixed disjunctive syllogism) है। वैकल्पिक वाक्य में विकल्प दिये रहते हैं, जैसे, लड़के खेलते हैं फुटबॉल या क्रिकेट। क्या ये विकल्प व्याघातक पद (Contradictory) हैं, अर्थात् यदि कोई एक सत्य हो तो दूसरा असत्य और कोई एक असत्य हो तो दूसरा सत्य होगा? क्या दोनों एक साथ सत्य नहीं हो सकते? इसके सम्बन्ध में Ueberweg साहब का मत है कि वैकल्पिक वाक्य के विकल्प (alternatives) व्याघातक होते हैं। जब कोई एक सत्य होगा तो दूसरा असत्य और कोई एक असत्य तो दूसरा सत्य, अर्थात् वे एक साथ सत्य नहीं हो सकते। इसका अर्थ यह हुआ कि यदि यह कहा जाय कि लड़के फुटबॉल खेलते हैं तो यह निष्कर्ष निकलता है कि वे क्रिकेट नहीं खेलते या यदि वे क्रिकेट खेलते हैं तब वे फुटबॉल नहीं खेलते। पर Mill साहब के अनुसार यह सत्य नहीं है। दोनों विकल्प एक साथ सत्य हो सकते हैं। वे व्याघातक नहीं होते। यदि यह कहा जाय कि लड़के फुटबॉल खेलते हैं तो इससे यह निष्कर्ष नहीं निकलता कि वे क्रिकेट नहीं खेलते हैं क्योंकि फुटबॉल और क्रिकेट खेलना व्याघातक पद नहीं है। दोनों एक साथ भी सत्य हो सकते हैं। हम साधारणतः ऐसे विकल्प वाक्यों का ही प्रयोग करते हैं। इसलिए, इन मतभेदों में न पड़के हमें यह देख लेना चाहिए कि वास्तव में वैकल्पिक वाक्यों के विकल्प व्याघातक हैं या नहीं। उपर्युक्त उदाहरण में विकल्प व्याघातक नहीं है। इसमें यदि एक सत्य हो तो दूसरा भी सत्य हो सकता है। पर 'A line must be eiher straight or curved' में दोनों विकल्प व्याघातक हैं। इसमें यदि एक असत्य हो तो दूसरा सत्य होगा और एक सत्य तो दूसरा असत्य। दोनों एक साथ सत्य नहीं होंगे।

नियम

मिश्र वैकल्पिक न्याय का एक ही नियम है। यदि विकल्प व्याघातक नहीं तो तब,

(i) लघुवाक्य में एक विकल्प का निषेध कर निगमन में दूसरे विकल्प का विधान होना चाहिए, पर इसका विपरीत सत्य नहीं होता अर्थात् एक विकल्प का विधान कर दूसरे का निषेध नहीं किया जा सकता।

(By denying one of the alternatives we can affirm the other but not conversely, that is, we cannot deny any alternative by affirming the other.)

उदाहरण

(क)	Shyam is either intelligent or honest.	श्याम तेज है या ईमानदार है।
	He is not intelligent.	वह तेज नहीं है।
∴	He is honest	∴ वह इमानदार है।

इसमें विकल्प व्याघातक नहीं है। यहाँ, इसलिए, एक विकल्प 'तेज' का लघुवाक्य में निषेध कर दूसरे विकल्प 'ईमानदार' का निगमन में विधान किया गया है। दूसरे विकल्प 'ईमानदार' का भी निषेध कर, पहले विकल्प 'तेज' का विधान किया जा सकता है।

(ख)	Shyam is intelligent or honest	श्याम तेज है या ईमानदार है।
	He is not honest.	वह ईमानदार नहीं है।
∴	He is intelligent.	∴ वह तेज है।

इसकी विपरीत क्रिया सत्य नहीं होती।

उदाहरण

Shyam is either intelligent or honest.	श्याम तेज है या ईमानदार है।
He is honest.	वह ईमानदार है।
(No conclusion.)	(निगमन नहीं होगा।)

प्रमाण

वृहत् वैकल्पिक वाक्य के विकल्प (alternatives) यदि व्याघातक नहीं होते तो वे एक साथ सत्य हो सकते हैं। इसलिए यदि एक सत्य है तो उससे दूसरे की असत्यता का अनुमान नहीं किया जा सकता है। पर यदि एक असत्य है तो दूसरा तो अवश्य ही सत्य होगा, क्योंकि दोनों में से कम-से-कम एक तो सत्य होगा ही। इसलिए नियम है कि एक विकल्प का निषेध कर दूसरे का विधान किया जाता है, पर एक का विधान कर दूसरे का निषेध नहीं किया जा सकता।

दोष (*Fallacy*)

यदि उपर्युक्त नियम का उल्लंघन किया जाय तो अनुमान दोषपूर्ण हो जाता है।

उदाहरण

	The pen is either beautiful or useful.	यह कलम सुन्दर है या उपयोगी है।
	It is beautiful.	यह सुन्दर है।
∴	It is not useful.	∴ यह उपयोगी नहीं है।

इसमें विकल्प व्याघातक नहीं है। यदि कलम सुन्दर है तो लाभदायक भी हो सकती है। अतः एक विकल्प का विधान कर दूसरे का निषेध नहीं किया जा सकता है। यह न्याय दोषपूर्ण है। इस दोष को 'विकल्प-भाव-दोष' (fallacy of affirming the atternative) कहा जाता है।

साधारण प्रयोग में अधिकतर वैकल्पिक वाक्य के विकल्प व्याघातक नहीं रहते, अतः यही साधारण नियम माना जाता है। पर यदि विकल्प व्याघातक हों तब निम्नलिखित नियम होगा:—

(ii) लघुवाक्य में एक विकल्प का निषेध या विधान कर निगमन में दूसरे विकल्प का विधान या निषेध किया जाता है।

उदाहरण

(क)	A syllogism must be either valid or invalid.	न्याय वैध होता है या अवैध।
	This syllogism is valid.	यह न्याय वैध है।
∴	It is not invalid.	∴ यह अवैध नहीं है।

(3) द्विविधा (*Dilemma*)

परिभाषा

द्विविधा एक मिश्र न्याय है, जिसका वृहत् वाक्य दो हेत्वाश्रित वाक्य, लघुवाक्य एक वैकल्पिक वाक्य तथा निगमन निरपेक्ष या वैकल्पिक वाक्य होता है। यदि निगमन निरपेक्ष है तो द्विविधा सरल (Simple) और यदि निगमन वैकल्पिक है तो द्विविधा जटिल (Complex) कही जाती है।

उदाहरण

(क) If she sinks, she will die; If she swims, the will die—वृहत्-वाक्य—यदि वह डूबती है तो उसका प्राणान्त होता है; यदि तैरती है तो भी प्राणांत होता है।(दो हेत्वाश्रित वाक्य)

She must either sink or swim—वह या तो डूबेगी या तैरेगी।

लघुवाक्य वैकल्पिक

∵ She will die—उसका प्राणांत होगा—निगमन निरपेक्ष वाक्य। यह सरल द्विविधा है।

(ख) If he stays in the room, he will be burnt to death; if he jumps out of the window, he will break his neck. (यदि वह कोठरी में रह जाता है तो वह जलकर मर जायगा; यदि वह खिड़की से कूद जाय तो उसकी गर्दन टूट जायगी—वृहत्वाक्य हेत्वाश्रित

He must either stay in the room or jump out of the window.
वह या तो कोठरी में रहेगा या खिड़की से कूदेगा—लघुवाक्य—वैकल्पिक।

He must either be burnt to death or break his neck.
वह जलकर मरेगा या उसकी गर्दन टूटेगी—निगमन वैकल्पिक है। यह जटिल (complex) द्विविधा है।

Dilemma वास्तव में दो शब्द Di = दो और lemma—विकल्प, के योग से बना है। जिस अनुमान में दो विकल्प हों, वहीं द्विविधा (Dilemma) है। लघुवाक्य का विकल्प हमारे लिए दो रास्ते बतातें हैं जो दोनों हमें कठिनाई में डाल देते हैं। जब हमारे सामने दो ही रास्ते हों और दोनों में किसी एक को अपनाने से कठिनाई आ जाती है, तो कहते हैं कि हम द्विविधा में पड़े हुए हैं। यदि हम चोरी नहीं करें तो फेल कर जाते हैं; यदि हम चोरी करें तो पकड़े जाते हैं। अब हम क्या करें? अब हम दो विकल्पों के बीच किसी को चुन नहीं पाते; क्योंकि दोनों का फल दुःखकर है। साँप के मुँह में छुछुन्दर है, न उगलते बनता है और निगलते। वहीं हालत यहाँ होती है—भइ गति साँप छुछुन्दर केरी। द्विविधा के विकल्पों के बीच पड़ने में दशा वैसी ही हो जाती है, जैसे किसी पशु के दो सींगों के बीच पड़कर हो जाती है। इसलिए द्विविधा के विकल्पों को 'द्विविधा के सींग' (Horns of dilemma) कहा जाता है। इस तरह के अनुमान का प्रयोग अधिकतर अपने प्रतिवादियों

को परास्त करने में किया जाता है। पर कभी-कभी मनुष्य स्वयं ही द्विविधा में पड़ जाता है। जब ऐसे अनुमान में तीन विकल्प हों तो उसे Trilemma, चार तब उसे Tetralemma और चार से अधिक तो उसे polylemma कहा जाता है।

नियम

द्विविधा का वृहत्वाक्य हेत्वाश्रित होता है, अतः इसका भी वही नियम है, जो मिश्र हेत्वाश्रित न्याय का है। उसके दोनों नियम ये हैं:—

(i) पूर्ववर्ती का विधान कर, निगमन में अनुवर्ती का विधान किया जा सकता है, पर इसका विपरीत वैध नहीं होता।

(ii) लघुवाक्य में अनुवर्ती का निषेध कर निगमन में पूर्ववर्ती का निषेध किया जा सकता है, पर इसका विपरीत वैध नहीं होता है।

यहाँ याद रखना चाहिए कि द्विविधा (dilemma) में दो हेत्वाश्रित वाक्य होते हैं। अतः पूर्ववर्ती के विधान का या अनुवर्ती के निषेध का अर्थ है दोनों पूर्ववर्ती का विधान और उसी प्रकार दोनों अनुवर्ती का निषेध।

उदाहरण

(ग) If I know about a thing, I need not enquire about it; if I do not know about a thing, I cannot enquire about it.
I must be either knowing it or not knowing it.
∴ I must either need not enquire or can not enquire. पूर्ववर्ती

I know about a thing और I do not know about a thing का विधान कर, अनुवर्ती का विधान किया गया है।

(घ) If he goes away, he must pay for his ticket; if he goes away, he must pay for his hostel charges.
But either he is unable to pay his hostel charges or pay for his ticket.
∴ He cannot go away.

इसमें अनुवर्ती 'He must pay for his ticket' और 'he must pay his hostel charges' का निषेध करके पूर्ववर्ती 'He goes away' का निषेध किया गया है। चूँकि द्विविधा के ये नियम हैं इसलिए इनसे सम्बन्धी दोष (fallacies) भी इसमें होते हैं—अनुवर्ती-भाव दोष (fallacy of affirming the consequent) या पूर्ववर्ती-निषेध दोष (Fallacy of denying the antecedent)।

द्विविधा की आकारिक वैधता *(formal validity)* के ये ही नियम हैं।

प्रकार *(Forms)*

उपर्युक्त दोनों नियमों के आधार पर द्विविधा दो प्रकार की होती है—विधायक (constructive) और विघातक (destructive)।

(i) विधायक द्विविधा *(Constructive dilemma)*—यदि पहले नियम का पालन किया जाय अर्थात् लघुवाक्य में दोनों पूर्ववर्ती का विधान कर निगमन में अनुवर्ती का विधान किया जाय तो द्विविधा विधायक होगी। उदाहरण (ग) देखें।

(ii) विघातक द्विविधा *(Destructive dilemma)* —यदि दूसरे नियम का पालन किया जाय अर्थात् लघुवाक्य में दोनों अनुवर्ती का निषेध कर निगमन में पूर्ववर्ती का निषेध हो तो द्विविधा विघातक होगी। उदाहरण (घ) देखें। इसे निषेधक द्विविधा भी कहा जाता है।

2.15 अभ्यास

1. तार्किक वाक्य की परिभाषा दीजिए और निर्णय से इसके सम्बन्ध की व्याख्या कीजिए। क्या प्रत्येक निर्णय में तीन अंग होना आवश्यक है?
   Define a proposition and explain its relation to judgment. Must every judgment have three parts?
2. एक तार्किक वाक्य और व्याकरण के वाक्यों में सोदाहरण अन्तर बतलाइये।
   Distinguish between a proposition and a grammatical sentence giving examples of each.
3. तर्क वाक्य और व्याकरण के वाक्य का अन्तर बतलाइये।
   Point out the distinction between a proposition and a grammatical sentence.
4. पदों की व्याप्ति का क्या अर्थ है? इसके नियमों का उल्लेख तथा व्याख्या कीजिये।
   What is meant by Distribution of Terms ? State and explain its rules.
5. तार्किक वाक्यों में पदों की व्याप्ति के साधारण नियमों का उल्लेख कीजिये। निम्नलिखित वाक्यों में व्याप्त तथा अव्याप्त पदों का संकेत कीजिये:—
   State the general rules regarding distribution of terms in prospositions. Point out the terms distributed and undistributed in the following propositions:—
   (i) This man is honest
   यह व्यक्ति ईमानदार है।
   (ii) Few men are selfish.
   थोड़े ही मनुष्य स्वार्थी है।
6. तार्किक वाक्यों का सम्बन्ध के आधार पर वर्गीकरण कीजिए। हेत्वाश्रित वाक्यों का गुण तथा परिमाण कैसे निश्चित किया जाता है?
   Classify propositions according to relation. How do we determine the quality and quantity of Hypothetical Proposition ?

वस्तुनिष्ठ प्रश्न

1. निम्नलिखित में से कौन एक निषेधात्मक तर्क वाक्य है?
   (Which one of the following is a negative proposition ?)
   (i) Few persons are honest. (थोड़े ही व्यक्ति ईमानदार है)
   (ii) A few persons are honest (थोड़े व्यक्ति ईमानदार है)
   (iii) Every person is honest (प्रत्येक व्यक्ति ईमानदार है)
   (iv) Any person is honest. (कोई व्यक्ति ईमानदार है)
2. मैं राजभवन जाऊँगा, यदि बुलाया गया। उपरोक्त वाक्य,
   ('I will go to Raj bhawan, Called the proposition above is,)
   (i) Conditional (सोपाधिक है)
   (ii) Categorical (निरपेक्ष है)

(iii) both the above. (उपरोक्त दोनों है)

(iv) None of the above (उपरोक्त तीनों में से कोई नहीं)

3. निम्नलिखित में से कौन एक सही है।

(Which one of the following is correct)

(i) Interogative sentenced are propositions
प्रश्नवाचक वाक्य तर्कवाक्य है

(ii) Imparative sentences are proposition.
आज्ञासूचक वाक्य तर्कवाक्य है

(iii) Exclamanary sentences are propositions.
भावसूचक वाक्य तर्कवाक्य है

(iv) None of the above is correct.
उपरोक्त कोई सही नहीं है।

4. सभी व्याप्त पदों को चिह्नित करें।

(Mark all the distributed terms.)

(i) All men are rational.
सभी मनुष्य विवेकशील हैं।

(ii) Few men are rich.
थोड़े ही व्यक्ति अमीर है।

(iii) A few pursons are rich.
थोड़े व्यक्ति अमीर है।

(iv) No man is rich.
कोई मनुष्य अमीर नहीं है।

●

तीसरा परिच्छेद

प्रतीकात्मक तर्कशास्त्र
(SYMBOLIC LOGIC)

1. प्रतीकात्मक तर्कशास्त्र क्या है ?
2. युक्ति का स्वरूप
3. सत्यता तथा वैधता
4. अभ्यास
5. वस्तुनिष्ठ प्रश्न

तीसरा परिच्छेद

प्रतीकात्मक तर्कशास्त्र
(SYMBOLIC LOGIC)

3.1 प्रतीकात्मक तर्कशास्त्र क्या है ?

तर्कशास्त्र का सम्बन्ध युक्तियों से है। युक्तियों के घटक (constituents) तर्कवाक्य या प्रकथन होते हैं।

1. सभी ग्रह सूर्य के चारों ओर घूमते हैं,
2. मंगल एक ग्रह है,
3. अतः, मंगल सूर्य के चारों ओर घूमता है।

यह एक युक्ति का उदाहरण है। इस युक्ति के घटक (1) (2) और (3) तर्कवाक्य हैं। इस तर्कवाक्यों में '1' और '2' आधार-वाक्य हैं और '3' उनका निष्कर्ष। ये आधार-वाक्य तथा निष्कर्ष वर्णनात्मक(declarative) वाक्यों की भाँति भाषा से सम्बन्धित नहीं हैं अपितु उन वाक्यों के अर्थ से। पर किसी भी तथ्य को व्यक्त करने का माध्यम भाषा ही है। किसी भाषा में व्यक्त किसी तथ्य का प्रसंगानुसार ठीक-ठीक अर्थ लगा लेना कठिन होता है क्योंकि किसी भी शब्द के अनेक अर्थ होते हैं। कभी वाक्यों की बनावट के कारण, कभी कहावतों और मुहावरों के प्रयोग के कारण, कभी शब्दों के अनेकार्थकता के कारण, जो अर्थ होना चाहिए वह अर्थ नहीं लग पाता है। भाषा को दुरूहता को शुद्ध करना तर्कशास्त्र का लक्ष्य नहीं है पर जब तक भाषा शुद्ध नहीं हो जाती तब तक युक्तियों की वैधता या अवैधता की समस्या का समाधान नहीं हो सकता है। भाषा की इस कठिनाई से बचने के लिए बहुत-से विद्वानों ने अपनी तकनीकी शब्द-कोष को विकसित किया है। रसायनशास्त्र में, भौतिक विज्ञान में, गणित में अपने प्रतीकों का प्रयोग होता है।

फिर, एक कठिनाई और उपस्थित होती है। विज्ञानों में दत्त सामग्रियाँ अनेक होती हैं। उन्हें भाषा में विस्तारपूर्वक अंकित करने में समय और स्थान दोनों की बहुत अधिक मात्रा में आवश्यकता होती है। प्रतीकों के प्रयोग से उनका रूप छोटा हो जाता है। उन्हें अंकित करने में न उतने स्थान, न उतने समय की आवश्यकता होती है।

फिर यह भी कि दत्त सामग्रियों के छोटे रूप पर ध्यान देना जितना सरल है, उतना अन्यथा नहीं। दत्त सामग्रियों के संकलित रूपों की तुलना करना भी सरल होता है। गणित में या संख्यात प्रणाली में व्याख्यात्मक प्रतीकों के प्रयोग से किसी समीकरण को बहुत ही संक्षिप्त रूप में व्यक्त किया जाता है, जैसे—

क × क × क × क × क × क × क = ख × ख × ख इसका संक्षिप्त रूप,

$क^7 = ख^3$

प्रायः सभी विज्ञानों में प्रतीकों का प्रचलन हो गया है।

इन्हीं सुविधाओं के कारण तर्कशास्त्र में भी तकनीकी चिह्नों का विकास हुआ है। अरस्तू ने भी प्रतीकों तथा चिह्नों का अपने अन्वेषण में प्रयोग किया था। जैसे पूर्णव्यापी भावात्मक वाक्य के लिए A, पूर्णव्यापी निषेधात्मक के लिए E इत्यादि। आधुनिक तर्कशास्त्र में इन चिह्नों को और भी विकसित किया गया है। वर्तमान तर्कशास्त्र ने मात्र तर्कवाक्यों के लिए चिह्नों का प्रयोग नहीं, उन तर्कवाक्यों के सम्बन्धों के लिए भी प्रतीकों का प्रयोग किया है। इसलिए पारम्परिक और नवीन तर्कशास्त्र में गुणात्मक अर्थात् किस्म का अन्तर नहीं है अपितु केवल मात्रा में अन्तर है (they do not differ in kind but only in degrees)। पर यह अन्तर साधारण नहीं है। विश्लेषण तथा निगमन के लिए यह एक शक्तिशाली अस्त्र सिद्ध हुआ है। आज की वैज्ञानिक प्रणाली में इसका प्रयोग हर क्षेत्र में हो रहा है। आधुनिक तर्कशास्त्र के प्रतीक किसी युक्ति की तार्किक बनावट को सरलता से स्पष्ट कर देते हैं जो साधारण भाषा के प्रयोग से अस्पष्ट रहता है। भाषा की कठिनाइयाँ इससे दूर हो जाती हैं और वैध या अवैध युक्तियों का वर्गीकरण आसान हो जाता है। प्रतीकों के प्रयोग से निगमनात्मक अनुमान के स्वरूप का भी स्पष्टीकरण हो जाता है।

ह्वाइटहेड ने ठीक ही कहा है कि, प्रतीकों की सहायता से एक बार देखकर ही यांत्रिक रूप से युक्तियों की वैधता जानी जा सकती है जिसके लिए अन्यथा उच्च मानसिक योग्यता की आवश्यकता होती।

3.2 युक्ति का स्वरूप *(Nature of Arguments)*

अनुमान करना (Inferring) एक क्रिया है जिससे एक या उससे अधिक तर्क-वाक्यों के आधार पर किसी तर्कवाक्य का विधान किया जाता है। तर्कवाक्य का सम्बन्ध अनुमान की क्रिया से नहीं है अपितू उन तर्कवाक्यों से, जो उस क्रिया के आरम्भ बिन्दु तथा परिणाम हैं और उन तर्कवाक्यों के बीच जो सम्बन्ध होते हैं उनसे। यदि मेरा प्रकथन (statement) यह हो कि—

1. सभी चित्रकार कलाकार हैं,
2. रहीम चित्रकार है,
3. अतः, रहीम कलाकार है,

तो इसे अनुमान करना (Inferrring) या तर्कना (reasoning) कहा जायगा। मेरे अनुमान करने में कौन-सी मानसिक क्रियाएँ हुई, इससे तर्कशास्त्र का कोई सम्बन्ध नहीं है। तर्कशास्त्र का सम्बन्ध इससे है कि (1), (2) या (3) का स्वरूप क्या है और उनमें क्या सम्बन्ध है। अब प्रश्न है कि प्रकथन (statement) क्या है और तर्कवाक्य किसे कहते हैं?

जो किसी के द्वारा किसी विषय में कहा जाय वही प्रकथन है। 'सभी चित्रकार कलाकार हैं' में चित्रकार के विषय में कहा गया है; यह एक प्रकथन है। प्रकथन का अर्थ या तो जो कहा गया उससे है या कुछ कहने में जो शब्द द्वारा व्यक्त हुआ उससे। इसलिए 'प्रकथन' शब्द का प्रयोग दोनों अर्थों में हो सकता है,

(i) जो कहा गया वह प्रकथन है;
(ii) जो कहा गया उसका शाब्दिक रूप प्रकथन है।

तर्कवाक्य वह है जो कहा गया है। अतः पहले अर्थ में तर्कवाक्य और प्रकथन समानार्थक

है।[1] यहाँ कहा गया है कि 'रहीम चित्रकार है' यह एक प्रकथन है और तर्कवाक्य भी। तर्कवाक्य सत्य या असत्य होते हैं। इसी विशेषता के कारण तर्कवाक्य प्रश्नों, आदेशों तथा विस्मयों (exclamations) से भिन्न होते हैं। 'क्या आप जा रहे हैं?' एक प्रश्न है। इसके सम्बन्ध में सत्यता या असत्यता का प्रश्न नहीं उठता। मुझे एक ग्लास पानी दें। यह एक आदेश है। इसके साथ भी सत्यता या असत्यता का प्रश्न नहीं है। वहीं हमारे विस्मयों के सम्बन्ध में है, जैसे, ओह, नीच, तुम?; पर, मोहन कॉलेज में पढ़ता है' एक प्रकथन है। यह सत्य हो सकता है या असत्य भी। इस प्रकथन के विषय में यह प्रश्न किया जा सकता है कि क्या यह सत्य है कि 'मोहन कॉलेज में पढ़ता है'। प्रश्न, आदेश, विस्मय, प्रकथन आदि को भाषा में वाक्यों द्वारा व्यक्त किया जाता है। व्याकरण में उनका वर्गीकरण कई पकार के वाक्यों में होता है, जैसे, प्रश्नवाचक वाक्य, आज्ञावाचक वाक्य, विस्मयवाचक वाक्य, विधिवाचक वाक्य। व्याकारण की दृष्टि से 'मोहन कॉलेज में पढ़ता है,' विधिवाचक वाक्य है। ऐसे वाक्यों से कोई सूचना मिलती है। इसलिए उन्हें सूचनार्थक (declarative) भी कहा जाता है। सूचनार्थक वाक्य में कोई प्रकथन होता है। वे ही तर्कवाक्य हैं। सूचनार्थक वाक्य और तर्कवाक्य में अन्तर यह है कि;

(i) सूचनार्थक या विधिवाक्य किसी भाषा-विशेष के अंग हैं, उस भाषा के जिसमें वे लिखे या बोले जाते हैं पर तर्कवाक्य किसी भाषा-विशेष के अंग नहीं होते हैं।**उदाहरण**—

1. I have a dog.
2. मुझे एक कुत्ता है।

1. अंग्रेजी भाषा का एक सूचनार्थक वाक्य है पर 2. हिन्दी भाषा का। पर दोनों का अर्थ एक ही है। दोनों में एक ही बात कही गई है कि 'मेरे पास एक कुत्ता है'। दोनों वाक्यों का जो अर्थ है वही तर्कवाक्य है। इसलिए भाषा की भिन्नता से तर्कवाक्य में कोई अन्तर नहीं होता। तर्कवाक्य का भाषा-रूप सूचनार्थ वाक्य है और सूचनार्थक वाक्य के अर्थ तर्कवाक्य।

तर्कवाक्य और सूचनार्थक वाक्य में दूसरा अन्तर यह है कि एक ही सूचनार्थक वाक्य के भिन्न प्रसंगों में भिन्न अर्थ हो सकते हैं। जैसे, 'यह रूमाल बहुत मूल्यवान है' ऐसा तब कहा जा सकता है जब दाम की दृष्टि से मूल्य अन्य रूमालों की अपेक्षा अधिक हो या तब भी जब किसी प्रेमिका ने इसे दिया हो या जब यह किसी मेरे हुए आत्मीय का चिह्न हो। इसलिए एक ही सूचनार्थक वाक्य कई अर्थ अर्थात् तर्कवाक्यों को व्यक्त कर सकता है और एक ही तर्कवाक्य कई सूचनार्थक वाक्यों द्वारा व्यक्त हो सकता है। जैसे,

1. I have a dog.
2. I possess a dog.
3. मुझे एक कुत्ता है।
4. मैं एक कुत्ते का स्वामी हूँ।

सभी एक ही तर्कवाक्य को व्यक्त करते हैं, 'मुझे एक कुत्ता है'। जो सम्बन्ध 'तर्कवाक्य' और 'सूचनार्थक वाक्य' में है वही सम्बन्ध 'प्रकथन' और 'सूचनार्थक वाक्य' में है।

तर्कवाक्य ही घटक हैं अनुमान के। प्रत्येक सम्भव अनुमान के अनुरूप एक युक्ति

---

1. अधिकतर तर्कशास्त्री 'प्रकथन' और 'तर्कवाक्य' शब्दों का एक ही अर्थ में व्यवहार करते हैं। इस रचना में भी दोनों शब्दों का समान अर्थ में ही व्यवहार किया जायगा।

(argument) होती है। तर्कशास्त्र का सम्बन्ध युक्तियों से है। **तर्कवाक्यों का प्रकथनों के वैसे समूह या वर्ग को युक्ति कहा जाता है जिसमें कोई तर्कवाक्य अन्य तर्कवाक्यों से निष्पादित होता है।** जिन तर्कवाक्यों से वह तर्कवाक्य निष्पादित होता है वे उसका सत्यता के आधार होते हैं। **अतः युक्ति वैसे तर्कवाक्यों का समूह या विन्यास (set) है जिसके एक तर्कवाक्य को उसके अन्य तर्कवाक्यों के साक्ष्य पर स्वीकार कर लिया जाता है।** जैसे—

(क) सभी बाघ खतरनाक होते हैं, ...(1)
यह पशु बाघ है, ...(2)
∴ यह खतरनाक है। — ...(3)

(1) (2) और (3) मिलाकर एक युक्ति है। यह तीन तर्कवाक्यों का विन्यास है। प्रत्येक तर्कवाक्य युक्ति नहीं है। तीनों एक-दूसरे से सम्बन्धित हैं और (3) को (1) और (2) से निष्पादित किया गया है। (1) और (2) साक्ष्य हैं (3) के।

प्रत्येक युक्ति की एक बनावट होती है।

युक्ति तर्कवाक्यों से बनी हुई होती है। इसमें कुछ तर्कवाक्यों को आधार-वाक्य (premise) कहा जाता है। आधार-वाक्य वे तर्कवाक्य हैं जिनसे कोई अन्य तर्कवाक्य निगमित होता है। *वह तर्कवाक्य जो निगमित होता है उसे निष्कर्ष कहा जाता है।* आधार-वाक्य ही निष्कर्ष के साक्ष्य या प्रमाण होते हैं। कोई तर्कवाक्य आधार-वाक्य नहीं होता है। यह आधार-वाक्य तब होता है जब किसी निष्कर्ष का प्रमाण या साक्ष्य हो।

'आधार-वाक्य' तथा 'निष्कर्ष' सापेक्ष(relative) पद हैं। जो तर्कवाक्य किसी युक्ति का आधार-वाक्य है, वहीं दूसरे में निष्कर्ष हो सकता है। जैसे—

(ख) सभी मांसभक्षी खतरनाक होते हैं, ...(1)
सभी बाघ मांसभक्षी होते हैं; ...(2)
∴ सभी बाघ खतरनाक होते हैं। ...(3)

यह भी एक युक्ति है।(क) युक्ति में 'सभी बाघ खतरनाक होते हैं, तर्कवाक्य आधार-वाक्य है, पर(ख) युक्ति में निष्कर्ष। इसलिए कोई भी तर्कवाक्य आधार-वाक्य या निष्कर्ष हो सकता है। जब किसी तर्कवाक्य को सिद्ध करने के लिए इसका प्रयोग होता है तो यह आधार-वाक्य है और निष्कर्ष, यदि अन्य तर्कवाक्यों के द्वारा यह सिद्ध हुआ है।

युक्तियाँ दो प्रकार की होती हैं, **निगमनात्मक** तथा **आगमनात्मक**। युक्ति चाहे जैसी भी हो, निगमनात्मक या आगमनात्मक, उसके निष्कर्ष के लिए प्रमाण आधारवाक्य ही होते हैं। पर निगमनात्मक युक्तियों के तर्कवाक्यों में ऐसा सम्बन्ध होता है कि निष्कर्ष आधार-वाक्यों से आपादित (implied) होते हैं। वह उन्हीं में सन्निहित है। जैसे, 'सभी चित्रकार कलाकार हैं और मोहन चित्रकार है' में ही यह निहित है कि 'मोहन कलाकार है'। ऐसा नहीं हो सकता कि आधार-वाक्य सत्य हो और निष्कर्ष असत्य। निगमनात्मक युक्तियों में निष्कर्ष के निरपेक्ष रूप से निश्चायक प्रमाण आधार-वाक्य होते हैं। इसीलिए निगमनात्मक युक्तियों को वैध अर्थात् नियमानुकूल या अवैध कहा जाता है, शुद्ध या अशुद्ध नहीं। निगमनात्मक युक्ति तब वैध होती है जब आधार-वाक्यों और निष्कर्ष का ऐसा सम्बन्ध हो कि आधार वाक्यों का सत्य होना नितांत असम्भव है जब तक कि निष्कर्ष भी सत्य नहीं हो। दूसरे शब्दों में ऐसा सम्बन्ध कि जब आधार-वाक्य सत्य हों तो निष्कर्ष का असत्य

होना असम्भव हो। तर्कशास्त्र का लक्ष्य है उनके सम्बन्ध के स्वरूप का स्पष्टीकरण तथा उस तकनीक को बताना जिससे वैध तथा अवैध में भेद किया जा सके।

आगमनात्मक युक्तियों में आधार-वाक्यों तथा निष्कर्ष में वैसा सम्बन्ध नहीं होता जैसा निगमनात्मक युक्तियों में पाया जाता है। इसमें निष्कर्ष आधार-वाक्यों में सन्निहित नहीं होता; जैसे, दो-चार कौओं को काला पाने पर निष्कर्ष निकालना कि 'सभी कौए काले होते हैं'। यहाँ यह नहीं कहा जा सकता कि यदि आधार-वाक्य सत्य हो तो निष्कर्ष का असत्य होना असम्भव है। आधार-वाक्य निष्कर्ष के प्रमाण अवश्य हैं पर उतना निश्चायक नहीं जितना निगमनात्मक युक्तियों में, अतः उनमें सम्भावना का सम्बन्ध होता है। सम्भावना की मात्रा होती है। अतः किसी निष्कर्ष के सत्य होने की अधिक सम्भावना होती है और किसी की कम। इसी कारण से विज्ञान में ऐसे निष्कर्ष संख्यात सम्बन्धों के द्वारा व्यक्त किए जाते हैं। आगमनात्मक युक्तियों को वैध या अवैध नहीं, अधिक सम्भव या कम सम्भव बताया जाता है।

3.3 सत्यता तथा वैधता *(Truth and Validity)*

सत्यता और असत्यता तर्कवाक्यों या प्रकथनों की विशेषताएँ हैं। तर्कवाक्य या प्रकथन सत्य या असत्य हो सकते हैं। फिर जिन वाक्यों में तर्कवाक्य या प्रकथन व्यक्त होते हैं अर्थात् सूचनार्थक वाक्यों को भी सत्य या असत्य कहा जा सकता है। पर किसी युक्ति को सत्य या असत्य नहीं कहा जा सकता है। युक्तियों की विशेषताएँ हैं वैधता तथा अवैधता। युक्तियाँ वैध या अवैध होती हैं। कोई युक्ति तब वैध होती है जब आधार-वाक्यों की सत्यता निष्कर्ष की सत्यता को आवश्यक रूप से आपादित करती है। इसका अर्थ यह हुआ कि आधार-वाक्य कभी सत्य नहीं होंगे और निष्कर्ष असत्य अर्थात् आधार-वाक्य तार्किक रूप से निष्कर्ष को आपादित करते हैं। इसे तीन प्रकार से कहा जा सकता है—

(i) आधार-वाक्यों की सत्यता आवश्यक रूप से निष्कर्ष की सत्यता को आपादित करती है,

(ii) यह कभी नहीं सम्भव है कि आधार-वाक्य सत्य हों और निष्कर्ष असत्य,

(iii) आधार-वाक्य तार्किक रूप से निष्कर्ष को आपादित करते हैं।

किसी युक्ति की अवैधता या अवैधता से आधार-वाक्यों तथा निष्कर्षों की सत्यता या असत्यता का सम्बन्ध होता है।

कुछ वैध युक्तियों के सभी तार्किक वाक्य सत्य हो सकते हैं, यथा—

(क) सभी चित्रकार कलाकार हैं,
शेरगिल एक चित्रकार हैं,
∴ शेरगिल एक कलाकार हैं।

(क) युक्ति वैध है और इसके सभी तर्कवाक्य सत्य हैं।

पर कुछ ऐसी भी वैध युक्तियाँ हैं जिनके तर्कवाक्य असत्य हैं; यथा,

(ख) सभी मनुष्य को पूँछ है,
मोहन मनुष्य है,
∴ मोहन को पूँछ है।

(ख) युक्ति वैध भी है क्योंकि यदि दोनों आधार-वाक्यों को सत्य मान लिया जाय तो निष्कर्ष सत्य होगा। निष्कर्ष और आधार-वाक्यों में नियत आपादान का सम्बन्ध है। इस उदाहरण से यह सिद्ध होता है कि युक्ति वैध भी है तो निष्कर्ष असत्य हो सकता है। *इसलिए किसी युक्ति की वैधता उसके निष्कर्ष की सत्यता की गारंटी नहीं करता।* ऐसी भी युक्तियाँ होती हैं जो अवैध हैं पर उसके सभी तर्क वाक्य सत्य हैं, यथा—

(ग) यदि आप कुलपति हैं, तो आप प्रसिद्ध है,
आप कुलपति नहीं हैं,
अतः', आप प्रसिद्ध नहीं है।

इस युक्ति के सभी तर्कवाक्य सत्य हैं, पर यह अवैध है। इसकी अवैधता ठीक उसी आकार की युक्ति से इसकी तुलना करने पर स्पष्ट हो जाती है। यथा—

(घ) यदि टाटा कुलपति हैं, तो वे प्रसिद्ध हैं,
पर टाटा कुलपति नहीं है
पर टाटा प्रसिद्ध नहीं है।

यह युक्ति ठीक युक्ति (ग) के समान है। केवल 'आप' शब्द के स्थान पर 'टाटा' का नाम रख दिया गया है। इस युक्ति में दोनों आधार-वाक्य सत्य हैं पर निष्कर्ष असत्य है। अतः युक्ति अवैध है। इसलिए युक्ति (ग) भी अवैध है।

अतः युक्ति (ग) से यह सिद्ध होता है कि कोई युक्ति अवैध हो सकती है पर उसके सभी तर्कवाक्य सत्य हो सकते हैं।

युक्ति (घ) से यह सिद्ध होता है कि कोई युक्ति अवैध हो सकती हैं और उसका निष्कर्ष असत्य हो सकता है।

सारांश

(i) युक्ति वैध रहने पर निष्कर्ष सत्य हो सकता है (क युक्ति)
(ii) युक्ति वैध रहने पर भी निष्कर्ष असत्य हो सकता है (ख युक्ति)
(iii) युक्ति अवैध रहने पर भी निष्कर्ष सत्य हो सकता है (ग युक्ति)
(iv) युक्ति अवैध रहने पर भी निष्कर्ष असत्य हो सकता है (घ युक्ति)।

इसलिए निष्कर्ष की असत्यता युक्ति की अवैधता की गारंटी नहीं है। एक ही बात की गारंटी है कि यदि निष्कर्ष असत्य है तो या तो कोई आधार-वाक्य असत्य होगा (ख युक्ति में) या वह युक्ति अवैध होगी (घ युक्ति में)। यदि किसी युक्ति में निष्कर्ष तथा आधार-वाक्य भी सत्य हों और युक्ति वैध हो तो उसे हर प्रकार से शुद्ध युक्ति माना जाता है।

कोई तर्कवाक्य या प्रकथन सत्य है या असत्य, ऐसा प्रश्न है जिसका सम्बन्ध तथ्य या वास्तविकता से है। विभिन्न तर्कवाक्य या प्रकथन अनुभव के विभिन्न क्षेत्रों से सम्बन्धित हैं जिन सभी को तर्कशास्त्री नहीं जान सकता। इसलिए तर्कशास्त्र का सम्बन्ध युक्ति की वैधता से है; इससे सम्बन्ध है कि जिन आधार-वाक्यों से निष्कर्ष निगमित हुआ है वे उस निष्कर्ष के लिए पर्याप्त प्रमाण हैं या नहीं।

कभी-कभी विज्ञानों में यदि किसी तर्कवाक्य की सत्यता का निश्चित ज्ञान नहीं भी हो तो उससे निष्कर्ष निगमित कर उसका निरीक्षण तथा प्रयोग के द्वारा परीक्षण होता है। यदि निष्कर्ष सत्यापन के उपरांत सत्य ठहरता है और युक्ति वैध हैं तो आधार-वाक्य भी

सत्य माने जाते हैं। यदि निष्कर्ष असत्य है और युक्ति वैध है तो आधार-वाक्य असत्य ठहरता है। इसलिए वैज्ञानिकों के लिए यह भी जानना महत्त्वपूर्ण है कि कोई युक्ति वैध है या नहीं।

3.4 अभ्यास

1. तर्कशास्त्र क्या है? इसके उपयोग क्या हैं?
   What is Logic ? What are its uses?
2. कोपी के अनुसार युक्ति के स्वरूप की व्याख्या कीजिए।
   Explain after Copi, the nature of an argument.
3. किसी युक्ति की वैधता और उसके आधार-वाक्यों की सत्यता के सम्बन्ध की व्याख्या कीजिए।
   Explain the relation between the validity of an argument and the truth of its premises.
4. प्रतीकात्मक तर्कशास्त्र क्या है? प्रतीकात्मक तर्कशास्त्र के अध्ययन के लाभ की व्याख्या कीजिए।
   What is symbolic Logic? Explain the utility of the study of symbolic logic.
5. 'पारम्परिक तर्कशास्त्र तथा प्रतीकात्मक तर्कशास्त्र में प्रकार का नहीं बल्कि केवल मात्रा में भेद है।' स्पष्टीकरण कीजिए।
   'Traditional logic and symbolic logic do not differ in kind but only in degrees.' Elucidate.

वस्तुनिष्ठ प्रश्न

1. निम्नलिखित लेखकों में से किस एक ने यह कहा है कि तर्कशास्त्र की केन्द्रीय समस्या है युक्तियों को अच्छे और बुरे वर्गों में विभाजन करना?
   (क) चार्ल्स पर्स (ख) जे॰ एम॰ वाल्डविन
   (ग) पी॰ टी॰ गीच (ग) गेरी लीच।
   Which one of the following writers has suggested that the central problems of Logic is to classify arguments as good or bad?
   (a) Charles Peirce (b) J. M. Baldwin
   (c) P. T. Geach (d) Gary Leach.
2. तर्कवाक्य
   (क) सत्य या असत्य होते हैं (ख) वैध या अवैध होते हैं
   (ग) शुद्ध या अशुद्ध होते हैं (घ) उपर्युक्त में से कोई नहीं।
   Propositions are
   (a) either true of false (b) valid or invalid
   (c) correct or incorrect (d) None of the above.
3. ऐसा नहीं हो सकता है कि एक वैध युक्ति में :
   (क) आधार-वाक्य सत्य हों और निष्कर्ष असत्य

(ख) आधार-वाक्य सत्य और निष्कर्ष सत्य
(ग) आधार-वाक्य असत्य और निष्कर्ष सत्य
(घ) उपर्युक्त में से कोई नहीं।

It can not be that a valid argument can have :

(a) true premises and a false conclusion
(b) true premises and a true conclusion
(c) false premise and a true conclusion
(d) None of the above.

4. निम्नलिखित में से कौन-एक सत्य है?

(क) प्रतीकात्मक तर्कशास्त्र अरस्तूयी तर्कशास्त्र का विरोध करता है
(ख) प्रतीकात्मक तर्कशास्त्र में कुछ ऐसा नहीं है जो अरस्तूयी तर्कशास्त्र में हो
(ग) प्रतीकात्मक तर्कशास्त्र और अरस्तूयी तर्कशास्त्र एक दूसरे का विरोध नहीं करते
(घ) उपर्युक्त में से कोई सत्य नहीं है।

Which one of the following is corrrect?

(a) Symbolic logic opposes Aristotelian logic
(b) There is nothing in symbolic logic which is in Aristotelian logic
(c) Symbolic logic andAristotelian logic are not opposed to each other
(d) None of the above is true.

उत्तर : 1. (क) 2. (क) 3. (क) 4. (ग)

चौथा परिच्छेद

यौगिक तर्कवाक्य
(COMPOUND STATEMENT)

चौथा परिच्छेद

यौगिक तर्कवाक्य[1]

(COMPOUND STATEMENT)

4.1 सरल (*simple*) तथा यौगिक (*compound*) प्रकथन

जितने प्रकथन हैं उन्हें दो वर्गों में बाँटा जा सकता है, सरल तथा यौगिक। सरल प्रकथन वह है जिसमें एक को छोड़ कोई अन्य प्रकथन नहीं हो। दूसरे शब्दों में, *सरल तर्कवाक्य या प्रकथन वह है जिसके निर्मायिक अंग के रूप में कोई अन्य प्रकथन नहीं हो* जैसे, 'गुलाब लाल है', 'यह कुर्सी चौकोर है', आदि। इनमें केवल एक-एक प्रकथन है। *यौगिक प्रकथन* वह है, जिसमें एक से अधिक प्रकथन हों। दूसरे शब्दों में, *यौगिक प्रकथन वह है जिसके निर्मायिक तत्त्व के रूप में एक से अधिक प्रकथन हों*, जैसे, 'राम कोलकाता जायगा और श्याम पटना', 'वह विज्ञान पढ़ेगा या पढ़ाई छोड़ देगा' आदि। यहाँ प्रत्येक उदाहरण में दो-दो प्रकथन हैं। 'राम कोलकाता जायगा और श्याम पटना' में दो प्रकथन हैं—(i) 'राम कोलकाता जायगा' और (ii) 'श्याम पटना जायगा', दूसरे प्रकथन में भी दो प्रकथन हैं—(i) 'वह विज्ञान पढ़ेगा' या(ii) 'वह पढ़ाई छोड़ देगा'। यौगिक प्रकथनों में एक-से अधिक प्रकथन होते हैं पर यौगिक प्रकथनों के निर्मायक अंग स्वयं भी यौगिक हो सकते हैं, जैसे, 'वह पागल है पर राम और श्याम मूर्ख हैं।' इस यौगिक प्रकथन के दो अंग हैं—(i) 'वह पागल है' तथा(ii) 'राम और श्याम मूर्ख हैं।' इनमें प्रकथन(ii) स्वयं एक यौगिक प्रकथन है, इसलिए कि उसमें दो अंग हैं, (i) 'राम मूर्ख है' और (ii) 'श्याम मूर्ख है'।

स्पष्ट है कि यौगिक प्रकथन वह है जिसका निर्माण कई प्रकथनों से होता है। पर यहाँ याद रखने की बात यह है कि प्रत्येक प्रकथन जो किसी बड़े प्रकथन का अंग है, सदा उसका निर्मायक अंग नहीं होता। एक उदाहरण लें, 'उस कोठरी की लम्बाई बहुत अच्छी है।'—इस बड़े प्रकथन से यदि आरम्भ के तीन शब्द हटा दिये जायँ तो यह प्रकथन रह जाएगा— 'लम्बाई बहुत अच्छी है।' यह स्वयं एक प्रकथन है। पर इसे उस बड़े प्रकथन का निर्मायक अंग नहीं कहा जा सकता। किसी प्रकथन के किसी अंग को उसका निर्मायक होने के लिए दो बातें आवश्यक हैं—

(i) कि वह अंग स्वयं एक प्रकथन हो, और

(ii) कि यदि उस अंग का स्थान पर कोई दूसरा प्रकथन रख दिया जाय तो इस परिवर्तन का परिणाम अर्थपूर्ण होना चाहिए।

यदि उपर्युक्त उदाहरण में इन दोनों शर्तों को लागू करें तो यह स्पष्ट होगा कि 'लम्बाई

1. चूँकि 'तर्कवाक्य' और 'प्रकथन' प्रायः समानार्थक हैं, आगे 'प्रकथन' शब्द का ही प्रयोग होगा।

बहुत अच्छी है' तो अवश्य ही स्वयं एक प्रकथन है, पर उसके स्थान पर ऐसे प्रकथन भी रखे जा सकतें हैं जिससे बड़ा प्रकथन निरर्थक हो जायगा। यदि 'लम्बाई बहुत अच्छी है' के स्थान पर 'हिमालय पर्वत बहुत ऊँचा है' रखा जाय तो बड़ा प्रकथन अर्थात् 'उस कोठरी की हिमालय पर्वत बहुत ऊँचा है'—निरर्थक हो जायगा। इसलिए वही अंग किसी प्रकथन का निर्मायक अंग होता है, जो कि स्वयं एक प्रकथन हो और उसके स्थान पर यदि कोई भी दूसरा प्रकथन रखा जाय तो भी बड़ा प्रकथन अर्थपूर्ण हो।

सरल प्रकथनों को विभिन्न विधियों से सम्बन्धित कर यौगिक प्रकथन की रचना की जाती है।

(i) 'राम और श्याम तेज हैं।' इसमें 'राम तेज है' और श्याम तेज है' का संयोजन है।

(ii) 'वह मूर्ख है या बदमाश है।' इसमें 'वह मूर्ख है' और 'वह बदमाश है' का वियोजन है।

(iii) 'यदि परमाणु बम बनेगा तो विश्व युद्ध होगा। इसमें 'परमाणु बम बनेगा' तथा 'विश्वयुद्ध होगा' में आपादान सम्बन्ध है।

(iv) 'राम तेज नहीं है'। इसमें 'राम तेज है' का निषेध किया गया है।

ये चारों प्रकथन यौगिक प्रकथन हैं पर चारों में विभिन्न सरल प्रकथनों का भिन्न प्रकार से सम्बन्धित किया गया है।

4.2 संयोजन (*Conjunction*)

संयोजन (*Conjunction*)—दो या दो से अधिक सरल प्रकथनों के बीच 'और' या 'तथा' शब्द लगाकर एक यौगिक प्रकथन की रचना की जाती है, जैसे—(i) 'कुर्सी बैठने की सामग्री है' और 'कलम लिखने की' (ii) 'राम तेज है तथा वह गरीब है'—दोनों यौगिक प्रकथन है।*दो या दो से अधिक प्रकथनों को 'और' या 'तथा' आदि लगाकर सम्बन्धित करने पर जिस यौगिक प्रकथन की रचना होती है, उसे 'संयोजन' कहते हैं। जिन सरल प्रकथनों को इस तरह मिलाया जाता है उन्हें 'संयुक्त' (Coinjuncts) कहा जाता है।* पहले यौगिक प्रकथन में 'कुर्सी बैठने की सामग्री है' एक संयुक्त है और 'कलम लिखने की सामग्री है' दूसरा संयुक्त। दूसरे यौगिक प्रकथन में 'राम तेज है' एक संयुक्त है और 'राम गरीब है' दूसरा संयुक्त। पर 'और' शब्द के लगा देने से ही कोई प्रकथन यौगिक प्रकथन नहीं हो जाता। 'और' शब्द की प्रयोग दूसरी तरह भी होता है, जैसे—'राम और श्याम शत्रु है।' यह एक यौगिक प्रकथन नहीं है हालाँकि इसमें 'और' शब्द का प्रयोग है। यह एक सरल प्रकथन है जिसमें एक विशेष सम्बन्ध को व्यक्त किया गया है। दो प्रकथनों को संयोजित रूप में सम्बन्धित करने के लिए 'और' या 'तथा' के लिए विशिष्ट प्रतीक'•'विन्दु का प्रयोग किया जाता है, जैसे 'कुर्सी बैठने की सामग्री है और कलम लिखने की' = 'कुर्सी बैठने की सामग्री है' • कलम लिखने की।' यदि p और q को सरल प्रकथन मानें तो इनका संयोजन होगा '$p \bullet q$'। हिन्दी या अंगरेजी में 'और' के अतिरिक्त अन्य शब्द जैसे 'सिवाय', 'और भी', 'लेकिन, 'यद्यपि', 'तोभी', आदि का भी प्रयोग संयोजन में होता है, अतः उनका प्रतीक भी बिन्दु '•' ही होगा।

(i) सत्यता-मूल्य *(Truth Value)*

यदि कोई मेरे हाथ के रूमाल का मूल्य जानना चाहे तो मैं फौरन यह जानना चाहूँगा कि 'मूल्य किस दृष्टि से ?' जितने पैसों में यह रूमाल बाजार में मिलता है वह इसका एक मूल्य है। पर, यदि यह किसी मृत मित्र का दिया हुआ चिह्न हो तो उस दृष्टि से इसका मूल्य दूसरा हो जाता है। इसलिए मूल्य आँकने के लिए सदा कोई आधार होता है। अब यहाँ प्रश्न है कि प्रकथनों का, जो सत्य या असत्य हो सकते हैं, इस दृष्टि से क्या मूल्य है, अर्थात् वे सत्य हैं या असत्य हैं? यदि वे सत्य हैं, तब सत्यता की दृष्टि से उनका मूल्य 'सत्य' होगा और यदि वे असत्य हैं, तब सत्यता की दृष्टि से उनका मूल्य 'असत्य' होगा। *सत्यता को आधार मानकर किसी प्रकथन का मूल्य बताना उसका सत्यता-मूल्य बताना कहा जाता है।*

प्रत्येक प्रकथन या तो सत्य होता है या असत्य। सत्य प्रकथन का सत्यता-मूल्य 'सत्य' होता है तथा असत्य प्रकथन का सत्यता-मूल्य 'असत्य' होता है। किसी यौगिक प्रकथन को सत्यता-मूल्य के आधार पर दो भागों में बाँटा जा सकता है। कुछ यौगिक प्रकथन ऐसे होते हैं जिनका सत्यता-मूल्य उनके निर्मायक प्रकथनों पर निर्भर नहीं होता। जैसे— 'मेरा विश्वास है कि लोहा सोने से भारी होता है।' इस यौगिक प्रकथन का सत्यता-मूल्य इसके निर्मायक सरल प्रकथन 'लोहा सोने से भारी होता है' के सत्यता-मूल्य से स्वतन्त्र है। यह सरल प्रकथन सत्य हो या असत्य। यदि मुझे ऐसा विश्वास है, तो यह सत्य है कि मुझे वह विश्वास है, क्योंकि लोगों को गलत और सही दोनों प्रकार का विश्वास रहता है। पर कुछ यौगिक प्रकथन ऐसे होते हैं, जिनका सत्यता-मूल्य उनके निर्मायक सरल प्रकथनों के सत्यता-मूल्य पर निर्भर होता है। संयोजन के सत्यता-मूल्य और उसके संयुक्त के सत्यता-मूल्य में आवश्यक सम्बन्ध है। **कोई संयोजन सभी सत्य होता है जब उसके सभी संयुक्त सत्य होते हैं**; जैसे, 'छड़ी सीधी है और टेबुल गोल'—यह संयोजन तभी सत्य होगा जब दोनों संयुक्त अर्थात् 'छड़ी सीधी है,' और 'टेबुल गोल है', सत्य हों। यदि उनमें से एक भी असत्य हो या दोनों असत्य हों तब संयोजन असत्य होगा। **वैसे यौगिक प्रकथन को, जिसका सत्यता-मूल्य उसके निर्मायक प्रकथनों के सत्यता-मूल्य से निर्धारित हो, सत्यता-फलनीय यौगिक प्रकथन (Truth-functionally Compound Statement) कहा जाता है और उसके निर्मायक प्रकथनों को सत्यता-फलनीय निर्मायक (Truth-functional Component) कहा जाता है। संयोजन सत्यता-फलनीय यौगिक (Truth functionally) प्रकथन है**, क्योंकि इसका सत्यता-मूल्य संयुक्तों के सत्यता-मूल्य पर निर्भर है और सभी संयुक्त उसके सत्यता-फलनीय निर्मायक अंग हैं।

किसी यौगिक प्रकथन के उस निर्मायक तत्त्व को उसका सत्यता-फलनीय तत्त्व कहा जाता है, जिसके स्थान पर जब उस यौगिक प्रकथन में कोई भी समान सत्यता मूल्यवाला दूसरा प्रकथन रखा जाय तब जो नया यौगिक प्रकथन निर्मित होगा उसका सत्यता-मूल्य और पहले वाले यौगिक प्रकथन का सत्यता-मूल्य समान हो। उदाहरणार्थ 'राम मूर्ख है और श्याम तेज हैं', एक यौगिक प्रकथन है। इस यौगिक प्रकथन के दो निर्मायक अंग हैं—(i) 'राम मूर्ख है' और (ii) 'श्याम तेज है'। यह भी मान लिया जाय कि इन दोनों सरल प्रकथनों का सत्यता-मूल्य 'सत्य' है, अर्थात् वे सत्य हैं। अब यदि दोनों में से किसी एक के स्थान पर कोई दूसरा प्रकथन रखा जाय; जैसे, 'हरि एक अच्छा लड़का है' और इस प्रकथन का सत्यता-मूल्य भी 'सत्य' हो तो यौगिक प्रकथन 'राम मूर्ख है और हरि एक अच्छा लड़का है' हो जायगा और इसका सत्यता-मूल्य 'सत्य' होगा। अब पहले और दूसरे यौगिक प्रकथनों में

सत्यता-मूल्य की दृष्टि से कोई अन्तर नहीं है। *इसलिए किसी भी यौगिक-प्रकथन को सत्यता-फलनीय(Truth, functional) यौगिक प्रकथन कहा जाता है, जिसका सत्यता-मूल्य इसके निर्मायक अंगों के सत्यता-मूल्यों पर निर्भर रहता है।*

चूँकि संयोजन (Conjunction) एक यौगिक प्रकथन है। और उसके संयुक्त (conjuncts) सत्यता-फलनीय संयुक्त हैं, अतः इसका प्रतीक बिन्दु '•' भी सत्यता-फलनीय सम्बन्धक (Truth-functional connective) है। अब यदि दो दिये गये प्रकथन 'p' और 'q' हों तो उनके सिर्फ चार प्रकार के सत्यता-मूल्य सम्भव हैं और प्रत्येक स्थिति में संयोजन (conjunction) का सत्यता-मूल्य सम्भव है और प्रत्येक स्थिति में संयोजन (conjunction) का सत्यता-मूल्य अपने रूप से निर्धारित होता है। p और q के सत्यता-मूल्य निम्नांकित चार प्रकार के हो सकते हैं:—

(i) उस दशा में जब p सत्य है और q सत्य हैं 'p • q' सत्य होगा;
(ii) उस दशा में जब p सत्य है और q असत्य है, 'p • q' असत्य होगा;
(iii) उस दशा में जब p असत्य है और q सत्य है, 'p • q' असत्य होगा;
(iv) उस दशा में जब p असत्य है और q असत्य है, 'p • q' असत्य होगा।

यदि सत्यता-मूल्यों, 'सत्य' एवं 'असत्य', को क्रमशः 'T' (true) एवं 'F' (false) से संकेत करें, तो 'p • q' संयोजन का सत्यता-मूल्य निम्नलिखित सत्यता-सारणी (Truth table) से अस्पष्ट किया जा सकता है:—

p	q	p • q
T	T	T
T	F	F
F	T	F
F	F	F

चूँकि यह सारणी 'p • q' की प्रत्येक दशा में सत्यता-मूल्य का निर्धारण करती है इसलिए इसे बिन्दु प्रतीक ' • ' की परिभाषा माना जा सकता है।

सारांश—कोई संयोजन यदि सत्य है तो उसके सभी संयुक्त अवश्य सत्य होंगे।

संयोजन की सत्यता-सारणी बनाने की विधि

जिस यौगिक प्रकथन की सत्यता-सारणी की रचना करनी हो उसके निर्मायक तत्त्वों को एक पंक्ति (row) में सिलसिलेवार (अर्थात् पहले 'p' तब 'q' तब 'r' इत्यादि) लिखें और उसके बाद संयोजन को।'p • q' की सत्यता-सारणी बनानी है। इसके निर्मायक तत्त्व हैं—'p' और 'q' और संयोजन है 'p • q'। अतः पहले एक पंक्ति में 'p' तब 'q' और अन्त में 'p • q' लिखें। पंक्तियों की संख्या निर्मायक तत्त्वों की संख्या पर निर्भर है। यदि निर्मायक तत्त्व दो है तो पंक्तियाँ होगी $2^2 = 4$, यदि 3 तब $2^3 = 8$, यदि 4 तब $2^4 = 16$। यहाँ निर्मायक तत्त्व 2 हैं, 'p' और 'q', इसलिए चार पंक्तियाँ होंगी। अब निर्मायक तत्त्वों में जो सबसे दाहिनी ओर हो उस स्तम्भ (column) के नीचे बारी-बारी से T तथा F लिखें (TFTF); फिर उसके पहले वाले स्तम्भ के नीचे बारी-बारी से जोड़े-जोड़े T और (TTFF)। यदि और निर्मायक तत्त्व हों तो उसके स्तम्भ के नीचे चार-चार T और F बारी-बारी से (TTTTFFFF) लिखें; इस तरह दुगना करते जाएँ। यहाँ निर्मायक तत्त्व दो ही हैं इसलिए 'q' के स्तम्भ के

नीचे TFTF और 'p' के स्तम्भ के नीचे TTFF होगा। अब संयोजन तभी सत्य होगा यदि दोनों संयुक्त सत्य हों। ऐसा केवल पहली पंक्ति में है। अतः संयोजन के स्तम्भ में पहली पंक्ति में 'T' और अन्य पंक्तियों में 'F' अंकित करें।

4.3 निषेधात्मक प्रकथन *(Negative Statements)*

निर्मायक प्रकथन का निषेध करके भी यौगिक प्रकथन की रचना की जाती है, जैसे, 'यह बात नहीं है कि राम अमीर है'। यह प्रकथन यौगिक प्रकथन है, क्योंकि इसमें निर्मायक सरल प्रकथन 'राम अमीर है' का निषेध किया गया है। निषेध को व्यक्त करने के कई रूप हैं, जैसे, 'यह गलत है कि राम अमीर है', 'यह सत्य नहीं है कि राम अमीर है', 'राम अमीर नहीं है', 'राम कदापि अमीर नहीं है' इत्यादि। निषेध या व्याघातक के लिए '~' (कुटिल या Tilde या curl) प्रतीका का प्रयोग किया जाता है। जैसे, 'यह बात नहीं है कि राम अमीर है' = ~ (राम अमीर है)। यदि 'p' कोई एक प्रकथन हो तो उसका निषेध हो '~ p'।

निषेध का सत्यता मूल्य—चूँकि किसी सत्य प्रकथन का निषेध असत्य होता है और असत्य प्रकथन का निषेध सत्य, इसलिए कुटील प्रतीक (~) की परिभाषा निम्नांकित सत्यता-सारणी से कर सकते हैं:—

p	~ p
T	F
F	T

[**~ p की सत्यता-सारणी**—यहाँ एक ही निर्मायक तत्त्व है, अतः 2' = 2 पंक्तियाँ होगी। एक ही पंक्ति में 'p' फिर '~ p' अंकित कर दें। अब पहले स्तम्भ में अर्थात् 'p' के नीचे T, फिर F अंकित करें। अब 'p' यदि 'T' है तो '~ p', 'F' और यदि 'p', 'F' है तो '~ p', 'T' होगा। यह दूसरे स्तम्भ में अंकित करें।]

4.4 वियोजन *(Disjunction)*

कभी दो या दो से अधिक प्रकथनों को 'या', 'वा', 'either-or' लगाकर वियोजित रूप से सम्बन्धित किया जाता है; जैसे, राम मूर्ख है या बदमाश है। ऐसे प्रकथन भी यौगिक होते हैं। इन्हें वियोजन(Disjunction) कहा जाता है। जिन सरल प्रकथनों को इस प्रकार सम्बद्ध किया जाता है, उन्हें वियुतक या विकल्प (Disjunct) कहा जाता है। 'राम मूर्ख है या बदमाश है', वियोजन है और 'राम मूर्ख है', तथा 'राम बदमाश है' दोनों सरल प्रकथन इसके विकल्प हैं। 'या' 'वा' शब्दों का प्रयोग दो रूपों में हो सकता है:—

(i) 'राम मूर्ख है या बदमाश है'। इस प्रकथन का अर्थ है कि इसके दो विकल्पों में एक अवश्य सत्य होगा। राम या तो मूर्ख होगा या वह बदमाश होगा। पर वह दोनों भी हो सकता है, मूर्ख भी और बदमाश भी। यह 'या' शब्द का निर्बल या समावेशी (weak or inclusive) का अर्थ है।

(ii) 'यह गुलाब लाल है या पीला है'। इस वियोजन का पहले से भिन्न अर्थ है। इसका पहले की भाँति यह अर्थ अवश्य है कि दोनों विकल्पों में एक अवश्य सत्य होगा। अर्थात् यह गुलाब 'लाल' या 'पीला' में से कोई एक अवश्य सत्य होगा पर 'लाल'

और 'पीला' दोनों नहीं हो सकता। 'या' का यह अर्थ सबल या व्यावर्त्तक (strong or exclusive) कहा जाता है।

दोनों अर्थों में अन्तर यह है कि

(i) पहले में, **कम-से-कम एक विकल्प अवश्य सत्य होगा**, पर दोनों भी सत्य हो सकते हैं। (समावेशी या निर्बल अर्थ)

(ii) दूसरे में, **कम-से-कम एक विकल्प अवश्य सत्य होगा**, पर दोनों सत्य नहीं हो सकते हैं। (व्यावर्त्तक या सबल अर्थ)

दोनों अर्थ भिन्न तो हैं, पर एक बात समान है कि वियोजन में कम-से-कम एक विकल्प अवश्य सत्य होगा। अतः समावेशी वियोजन का यह पूर्ण अर्थ हुआ पर व्यावर्त्तक वियोजन का आंशिक अर्थ। लैटिन भाषा में 'भेल (Vel)' शब्द 'या' के समावेशी अर्थ को व्यक्त करता है और 'ऑट (aut)' शब्द 'या' के व्यावर्त्तक अर्थ को। प्रचलित रूप में 'भेल (Vel)' शब्द के प्रथम अक्षर 'V' या 'वेज (wedge)' समावेशी 'या' के प्रतीक के रूप में माना गया है। जैसे, राम, मूर्ख है या बदमाश = राम मूर्ख है V बदमाश। यदि p और q सरल प्रकथन हों तो उनका समावेशी वियोजन होगा 'p V q'।

वियोजन का सत्यता मूल्य—'V' प्रतीक, जिसे 'कीलक (wedge)' कहा जाता है एक सत्यता-फलनीय सम्बन्धक (truth-functional connective) है अर्थात् जिस प्रकथन में यह प्रतीक है उसका सत्यता-मूल्य उसके विकल्पों के सत्यता-मूल्य पर निर्भर है। वियोजन का सत्यता-मूल्य निम्न सत्यता-सारणी के द्वारा व्यक्त किया जाता है:—

p	q	p V q
T	T	T
T	F	T
F	T	T
F	F	F

[यदि एक विकल्प असत्य है और दूसरा सत्य या दोनों विकल्प सत्य हों, तो वियोजन का सत्यता-मूल्य, सत्य होगा पर यदि दोनों **विकल्प असत्य हों तो वियोजन का सत्यता-मूल्य असत्य होगा।]**

चूँकि यह सत्यता-सारणी वियोजन के, हर दशा में, सत्यता-मूल्य व्यक्त करती हैं, इसलिए इसे सत्यता-फलनीय सम्बन्धक 'v' की परिभाषा माना जा सकता है।

व्यावर्त्तक वियोजन में कम-से-कम एक विकल्प अवश्य सत्य होता है और दूसरा असत्य। दोनों विकल्प सत्य नहीं हो सकते। इसलिए उसका प्रतीकात्मक रूप होगा—

$$(p \vee q) \bullet \sim (p \bullet q)$$

['p V q' **की सत्यता-सारणी बनाने की विधि**—यहाँ 'p V q' की सत्यता-सारणी बनानी है जिसके निर्णायक प्रकथन हैं 'p' तथा 'q'। 'p' तथा 'q' को ऊपर एक पंक्ति में लिखें। उसी पंक्ति में 'p V q' अंकित कर दें। यहाँ निर्मायक अंग दो हैं इसलिए $2^2 = 4$ पंक्तियाँ होंगी। अब सरल प्रकथनों में 'q' 'p' के बाद है इसलिए उसके नीचे बारी-बारी से T और F लिखें। अतः 'q' स्तम्भ में T F T F होगा। फिर 'p' स्तम्भ में बारी-बारी से जोड़े-जोड़े T तथा F लिखें। इसलिए 'p' के स्तम्भ में TT FF होगा। अब 'p' तथा 'q'

के वियोजन का मूल्य निकालें। इसमें यदि दोनों निर्मायक तत्त्व असत्य हों तभी वियोजन असत्य होगा अन्यथा सत्य।**इसलिए वियोजन में केवल एक ही स्थिति में यह असत्य होगा यदि दोनों निर्मायक अंग असत्य हों।]**

कोष्ठकों का प्रयोग—अस्पष्टता को दूर करने के लिए भाषाओं में विराम चिह्न का और गणित में कोष्ठकों का प्रयोग किया जाता है। यदि ये विराम चिह्न या कोष्ठक नहीं रहें तो किसी अभिव्यक्ति का निश्चित अर्थ नहीं हो सकता। 'बेटा न बेटी' अभिव्यक्ति के दो अर्थ हो सकते हैं, 'बेटा, न बेटी' या बेटा न, बेटी'। इस प्रकार '6 + 3 ÷ 3' का फल '9 ÷ 3 = 3' या '6 + 1 = 7' हो सकता है। प्रतीकात्मक तर्कशास्त्र में भाषा की दुरूहता को दूर करने के लिए कोष्ठकों के प्रयोग की आवश्यकता होती है।' p • q v r' कथन में अस्पष्टता है। इसके दो अर्थ हो सकते हैं, (i) 'p' का ' q v r' के साथ संयोजन या (ii) ' p • q' का ' r ' के साथ वियोजन। यदि ' p ' और 'q' दोनों असत्य हों और 'r' सत्य तो (i) का सत्यता मूल्य 'F • (F v T) = (F • T) = F (असत्य)' होगा और दूसरे का '(F • F) v T = (F v T) = T (सत्य)। इसलिए दोनों अभिव्यक्तियों में कोष्ठकों का प्रयोग होता है।

(i) p • (q v r)

(ii) (p • q) v r

प्रतीकात्मक तर्कशास्त्र में लघु कोष्ठक, मध्य कोष्ठक तथा वृहत् कोष्ठक का प्रयोग होता है। पर इन चिह्नों की संख्या कम करने के लिए हम किसी चलन का पालन करते हैं। जैसे, '~ p v q' का अर्थ हो सकता है।' ~ p v q' या '~ (p v q)'। इस चलन के अनुसार किसी अभिव्यक्ति के सबसे छोटे अंश पर ही टील्डे '~' प्रतीक लागू होगा। इसलिए '~ p v q = (~ p) v q' न कि '~ (p v q)'।

अंग्रेजी के 'Either शब्द का प्रयोग कई प्रकार से होता है। कभी-कभी इसका प्रयोग संयोजन के अर्थ में भी होता है—जैसे, This work can be done by either boys; यहाँ 'either' शब्द 'दोनों' के अर्थ में प्रयुक्त हुआ है। कभी-कभी 'either' या 'या' या 'चाहे तो' शब्द प्रकथन के आरम्भ में ही लगा दिया जाता है और कभी विकल्पों के पहले। जैसे, ' Either India goes nuclear or the country will be defeated in the war.' 'The rose is either red or yellow', 'या तो हम पटना जाएँगे या कोलकाता', 'वह या तो मूर्ख है या बदमाश'। संयोजनों में भी संयोजक शब्द का कई प्रकार से प्रयोग होता है।

वियोजन का निषेध प्रायः 'neither-not' या 'न तो-न' आदि अभिव्यक्तियों के द्वारा होता है। 'इस काम को या तो मोहन करेगा या श्याम' वियोजन का निषेध इस कथन से होता है कि 'इस काम को न तो मोहन करेगा न श्याम'। वियोजन प्रतीकात्मक रूप है A v B और इसके निषेध का ~ (A v B) या ~ A ~ B.

अंग्रेजी के 'both' शब्द के भिन्न प्रयोग हैं।

1. Ram and Shyam will not both do this.

2. Ram and Shyam will both not do this.

पहले का प्रतीकात्मक रूप होगा ~ (A • B) और दूसरे का (~ A) • (~ B)।

'Unless, Until' शब्दों का प्रयोग भी दो कथनों के वियोजन को व्यक्त करने में किया जाता है। 'He will pass unless he falls ill', का अर्थ हुआ : Either he falls ill, or he will pass', अतः इसका प्रतीकात्मक रूप 'I v P' है।

उपर्युक्त विधियों से विभिन्न प्रकार के यौगिक प्रकथनों का प्रतीकात्मक रूप हो सकता है। जिस यौगिक प्रकथन की रचना सत्यता-फलनीय सम्बन्धकों के द्वारा सरल प्रकथनों को सम्बन्धित करने से होती है। उसका सत्यता-मूल्य उसके निर्मायक सभी सरल प्रकथनों के सत्यता-मूल्य पर निर्भर है। उदाहरणार्थ—यदि A और B को सत्य प्रकथन और X और Y को असत्य प्रकथन मान लें तो निम्नलिखित विधि से

$\sim [(\sim A \vee X) \vee \sim (B \bullet Y)]$ का सत्यता-मूल्य निकलेगा:—

चूँकि B सत्य और Y असत्य है, 'B • Y' असत्य होगा और $\sim (B \bullet Y)$ सत्य;

चूँकि A सत्य है, $\sim$ A असत्य होगा, और X असत्य है, अतः $\sim A \vee X$ = असत्य;

इसलिए असत्य v सत्य = सत्य। अब, ~ सत्य = असत्य होगा।

4.5 सोपाधिक प्रकथन *(Conditional Statements)*

यदि कोई प्रकथन किसी अन्य प्रकथन पर आश्रित बतलाया जाय तो वह एक सोपाधिक (Conditional) प्रकथन है; जैसे, यदि परीक्षा शीघ्र होगी, तो वह फेल करेगा। यह एक यौगिक प्रकथन है। इसमें 'वह फेल करेगा,' प्रकथन 'परीक्षा' शीघ्र होगी' प्रकथन पर निर्भर बतलाया गया है। यह एक सोपाधिक प्रकथन है। ऐसे यौगिक प्रकथन को हेत्वाश्रित (hypothetical) या आपादनात्मक (implicative) प्रकथन कहा जाता है। इसके दो निर्मायक अंग होते हैं, एक जो उपाधि को व्यक्त करता है, जैसे 'यदि परीक्षा शीघ्र होगी' और दूसरा जो उस उपाधि पर निर्भर बतलाया जाता है, जैसे, 'वह फेल करेगा'। वह निर्मायक अंग जो उपाधि है और जो 'यदि-तब' के बीच में होता है उसे पूर्ववर्ती (antecedent) या आपादक (implicans) और वह जो उस उपाधि पर निर्भर माना गया है और जो तब के बाद आता है उसे अनुवर्ती (consequent) या आपाद्य (implicate) कहा जाता है। सोपाधिक प्रकथनों में यह नहीं बताया जाता है कि इसका पूर्ववर्ती सत्य है या अनुवर्ती सत्य है पर, मात्र इतना ही कि यदि पूर्ववर्ती सत्य है तब इसका अनुवर्ती भी सत्य है। ऐसे प्रकथन पूर्ववर्ती की सत्यता के सम्बन्ध में नहीं है पर केवल इसके विषय में कि पूर्ववर्ती से अनुवर्ती आपादित है। किसी भी सोपाधिक प्रकथन का अर्थ पूर्ववर्ती और अनुवर्ती में जो आपादन-सम्बन्ध बतलाया गया है उस पर निर्भर है।

यदि विभिन्न सोपाधिक प्रकथनों का परीक्षण किया जाय तो यह स्पष्ट होगा कि उनमें भिन्न प्रकार के आपादन व्यक्त हैं। उदाहरणार्थ, चार सोपाधिक प्रकथन लें।

1. यदि यह आकार त्रिभुज है, तो इसमें तीन भुजाएँ होंगी।
2. यदि सभी मूर्ख धोखा खाते हैं और राम मूर्ख है, तब वह धोखा खाएगा।
3. यदि सोना को सोहागा में डाला जाय, तो वह चमकेगा।
4. यदि राम जाएगा, तो वह आकाश को छू लेगा।

पहले सोपाधिक प्रकथन में 'यदि यह आकार त्रिभुज है तो इसमें तीन भुजाएँ होंगी, अनुवर्ती पूर्ववर्ती से 'त्रिभुज' की परिभाषा के आधार पर ही निगमित होता है। त्रिभुज की परिभाषा है कि उसमें तीन भुजाएँ होती हैं। यहाँ आपादन परिभाषामूलक है।

दूसरे सोपाधिक प्रकथन में अनुवर्ती पूर्ववर्ती से **तार्किक** रूप से निगमित होता है। पूर्ववर्ती और अनुवर्ती में आवश्यक सम्बन्ध नहीं है; 'मूर्ख होना' और 'धोखा खाने' में आवश्यक सम्बन्ध नहीं है। पर पूर्ववर्ती के सत्य होने पर अनुवर्ती निगमित होता है। अतः आपादन तर्कमूलक है।

तीसरे सोपाधिक प्रकथन में जो पूर्ववर्ती और अनुवर्ती में सम्बन्ध है वह तार्किक या परिभाषीय नहीं है। दोनों में कार्य-कारण समबन्ध है जो अनुभव के द्वारा स्थापित किया गया है। अतः यहाँ आपादन कारणमूलक है।

चौथे सोपाधिक प्रकथन में आपादन न परिभाषामूलक, न तार्किक और न कारणमूलक है। पूर्ववर्ती और अनुवर्ती में कोई कारण सम्बन्ध नहीं है। यह मात्र वक्ता की इच्छा या मनोदशा पर निर्भर है। अतः आपादन इच्छामूलक है।

इन उदाहरणों से यह स्पष्ट है कि कई प्रकार के आपादन होते हैं जिन्हें 'यदि तब' शब्दों के द्वारा व्यक्त किया जाता है। तब हमें यह देखना है कि इनमें कोई आंशिक समता है या नहीं जैसा हमने वियोजन के दो रूपों में पाया था।

पहले सोपाधिक प्रकथन में—

(i) यदि पूर्ववर्ती सत्य है, तो अनुवर्ती भी सत्य है और यदि पूर्ववर्ती असत्य है, तो अनुवर्ती भी असत्य है।

(क) यदि यह आकार त्रिभुज है, तो इसमें तीन भुजाएँ होंगी,
यह आकार त्रिभुज है, (सत्य)
∴ इसमें तीन भुजाएँ हैं। (सत्य)

(ख) यदि यह आकार त्रिभुज है, तो इसमें तीन भुजाएँ होंगी,
यह आकार त्रिभुज नहीं है,
∴ इसमें तीन भुजाएँ नहीं है। (सत्य)

दूसरे में,

(ii) यदि पूर्ववर्ती सत्य है, तो अनुवर्ती भी सत्य है पर यदि पूर्ववर्ती असत्य है, तब अनुवर्ती का असत्य होना आवश्यक नहीं है।

(क) यदि राम मूर्ख है, तब वह धोखा खाएगा,
राम मूर्ख है, (सत्य)
∴ वह धोखा खाएगा। (सत्य)

(ख) यदि राम मूर्ख है, तब वह धोखा खाएगा,
राम मूर्ख नहीं है,
∴ वह धोखा नहीं खाएगा। (?)

धोखा अन्य वजहों से भी हो सकता है। अतः अनुवर्ती असत्य भी हो सकता है, सत्य भी।

तीसरे में,

(iii) यदि पूर्ववर्ती सत्य हो तो अनुवर्ती भी सत्य है पर यदि पूर्ववर्ती असत्य हो, तो अनुवर्ती का असत्य होना आवश्यक नहीं है।

(क) यदि सोना सोहागा में डाला जाय, तो वह चमकेगा।
सोना सोहागा में डाला जाय। (सत्य)
∴ सोना चमकेगा।(सत्य)

(ख) यदि सोना सोहागा में डाला जाय, तो वह चमकेगा,
सोना सोहागा में नहीं डाला जाय,
∴ सोना नहीं चमकेगा। (?)

सोहागा के अतिरिक्त अन्य उपकरणों से भी सोना चमक सकता है। अतः अनुवर्ती असत्य भी हो सकता है, सत्य भी।

चौथे में,

(iv) निर्णय के अनुसार यदि पूर्ववर्ती सत्य है, तो अनुवर्ती सत्य होगा पर पूर्ववर्ती के असत्य होने से अनुवर्ती के विषय में कोई निर्णय नहीं हो सकता है।

अतः इन चार प्रकार के आपादानों में,

(i) पहले में यदि पूर्ववर्ती सत्य है, तो अनुवर्ती सत्य है और पूर्ववर्ती असत्य, तो अनुवर्ती असत्य।

(ii) दूसरे में, यदि पूर्ववर्ती सत्य है, तो अनुवर्ती सत्य है पर यदि पूर्ववर्ती असत्य है, तो अनुवर्ती सत्य या असत्य हो सकता है।

(iii) तीसरे में, यदि पूर्ववर्ती सत्य है, तो अनुवर्ती सत्य है पर यदि पूर्ववर्ती असत्य है, तो अनुवर्ती सत्य या असत्य हो सकता है।

(iv) चौथे में, यदि पूर्ववर्ती सत्य है, तो वक्ता के निर्णयानुसार अनुवर्ती भी सत्य होगा, पर यदि पूर्ववर्ती असत्य हो, तो अनुवर्ती सत्य या असत्य माना जा सकता है।

चारों प्रकथनों में भेद है पर उनमें आंशिक समता भी है कि 'यदि पूर्ववर्ती सत्य है, तो अनुवर्ती भी सत्य है।' किसी भी सोपाधिक प्रकथन में यह शर्त लागू है। यदि पूर्ववर्ती सत्य हो और अनुवर्ती असत्य है तो किसी प्रकार का सोपाधिक प्रकथन हो, वह असत्य होगा। इसलिए किसी सोपाधिक प्रकथन में किसी प्रकार का आपादन-सम्बन्ध हो, यह आवश्यक है कि यदि पूर्ववर्ती सत्य है तो अनुवर्ती भी सत्य होगा। फिर, उनमें क्या आंशिक समानता है इससे भी ज्ञात होगा कि कब और कैसे ये सभी प्रकथन असत्य हो सकते हैं। किसी परिस्थिति में सोना यदि सोहागा में डाला जाय और वह नहीं चमके अर्थात् यदि पूर्ववर्ती सत्य हो और अनुवर्ती असत्य।

सोपाधिक प्रकथनों का यही आंशिक अर्थ है। कोई सोपाधिक प्रकथन तब असत्य होगा 'यदि पूववर्ती सत्य हो और अनुवर्ती असत्य'। प्रतीकों के द्वारा भी इसे व्यक्त किया जा सकता है। कोई सोपाधिक प्रकथन 'यदि p तब q' तब असत्य होगा जब 'p • ~ q' सत्य मिले। इसलिए इस संयोजन का यदि निषेध हो तब वह सोपाधिक प्रकथन सत्य होगा अर्थात् ~ (p • ~ q) यदि हो तब।

(p • ~ q) यदि सत्य है तो सोपाधिक प्रकथन **असत्य** है।

~ (p • ~ q) यदि सत्य है तो सोपाधिक प्रकथन **सत्य** है।

वियोजन में भी हमने पाया था कि उसके दो रूप होते हैं, उनमें एक अर्थ में आंशिक समता है कि एक विकल्प अवश्य सत्य होता है, इस अर्थ के लिए 'V' प्रतीक का प्रयोग किया जाता है, यह अर्थ दोनों प्रकार के वियोजन के लिए सत्य है। वैसे ही सोपाधिक प्रकथनों में कई प्रकार के आपादन होते हैं, उनमें एक अर्थ में आंशिक समता है कि यदि पूर्ववर्ती

सत्य है तो अनुवर्ती सत्य होगा। इस आंशिक अर्थ के लिए '⊃' हार्सशू (Horse-shoe) प्रतीक का प्रयोग होता है। अतः आपादन-सम्बन्ध कई प्रकार के हैं, पर '⊃' हार्सशू केवल उनके आंशिक अर्थ का प्रतीक है। इस प्रकार के आपादन-सम्बन्ध को वस्तुगत आपादन (material implication) कहा जाता है। इसमें किसी प्रकार के प्रकथन को अनुवर्ती माना जा सकता है; जैसे, यदि राम तेज है तो हिमालय पर्वत बर्फ से ढँका है। इसमें पूर्ववर्ती और अनुवर्ती में जो आपादन-सम्बन्ध है वह न तो तार्किक, न परिभाषीय, न कारण-सम्बन्ध है। '⊃' हॉर्सशू प्रतीक सभी के लिए है।

हॉर्सशू प्रतीक को या 'p ⊃ q' को हम 'यदि p तब q', 'p • q को आपादित करता है' या 'p केवल यदि q' रूपों में पढ़ते हैं। इसलिए 'यदि p, तब q = p ⊃ q'। 'p ⊃ q' का अर्थ हुआ '∼ (p • ∼ q')। '⊃' सत्यता फलनीय सम्बन्धक है जिसका अर्थ निम्नलिखित सत्यता सारणी में व्यक्त होता है।

p	q	∼ q	p • ∼ q	∼ (p • ∼ q)	p ⊃ q
T	T	F	F	T	T
T	F	T	T	F	F
F	T	F	F	T	T
F	F	T	F	T	T

पहले दोनों स्तम्भों (columns) में दोनों निर्मायक प्रकथन, p और q के सभी सम्भव सत्यता मूल्य है, तीसरे, चौथे और पाँचवें स्तम्भ (columns) में क्रमानुसार वे क्रम (steps) जिनसे यौगिक प्रकथन ∼ (p • ∼ q) के सत्यता-मूल्य का निर्धारण होता है। पाँचवाँ और छठा स्तम्भ एक है इसलिए कि दोनों फार्मूला समानार्थक हैं। '⊃' प्रतीक किसी विशेष प्रकार के आपादन-सम्बन्ध या 'यदि-तब' का प्रतीक नहीं है, अपितु उस सामान्य आंशिक अर्थ का जो भिन्न प्रकार के आपादानों में पाया जाता है। जिन्हें हम 'यदि, जब-तब' आदि शब्दों में व्यक्त करते हैं। **इस सत्यता-सारणी से यह स्पष्ट है कि आपादन एक ही स्थिति में असत्य होता है जब दोनों निर्मायक प्रकथनों में पूर्ववर्ती सत्य हो और अनुवर्ती असत्य (दूसरी पंक्ति में)।**

[यहाँ p ⊃ q अर्थात् ∼ (p • ∼ q) की सत्यता-सारणी बनानी है; इसके निर्मायक प्रकथन हैं, 'p' और 'q'। 'p' और 'q' को पहले लिखें। अब क्रम से उन सरल अंगों को लिखें जिनका सत्यता-मूल्य पहलेवाले प्रकथनों से निगमित हो। ∼ (p • ∼ q) का सत्यता मूल्य निकालना है, जो तभी निकलेगा जब 'p • ∼ q' का पहले निकले। फिर 'p • ∼ q' का तभी निकलेगा जब '∼ q' का निकले। इसलिए क्रम से पहले '∼ q', फिर 'p • ∼ q' तब '∼ (p • ∼ q)' अंकित करें और अन्त में जिसका सत्यता-मूल्य निकालना है अर्थात् 'p ⊃ q' लिख दें। यहाँ दो निर्यायक अंग हैं। इसलिए $2 \times 2 = 4$ पंक्तियाँ होंगी। अब पहले सरल प्रकथनों में जो अन्त में हो (यहाँ p और q में q अन्त में है p पहले) उस स्तम्भ के नीचे बारी-बारी से T और F लिखें। अतः q के नीचे T F T F होगा। फिर उसके पहलेवाले के नीचे जोड़े-जोड़े अर्थात् दो बार T तब दो बार F अंकित करें, अर्थात् p के नीचे T T तथा F F होगा। अब तीसरे स्तम्भ में T या F नियमानुसार लिखें। तीसरे स्तम्भ में '∼ q' है। इसलिए यदि 'q' सत्य अर्थात् T है, तो '∼ q' असत्य अर्थात् F और यदि 'q' असत्य (F) हो, तो '∼ q' सत्य

(T) होगा। फिर चौथे स्तम्भ में 'p • ~ q' है तो यदि ' p' सत्य (T) और '~ q' भी सत्य (T) है, तो 'p • ~ q' सत्य ' T ' होगा। इस प्रकार संयोजन के नियम के अनुसार चौथे स्तम्भ को पूरा करें, फिर पाँचवें स्तम्भ के ऊपर '~ (p • ~ q)' है अर्थात् 'p • ~ q' का निषेध इसलिए यदि 'p • ~ q' सत्य (T) है, तो '~ (p • ~ q)', असत्य (F) और 'p • ~ q' असत्य (F) है तो '~ (p • ~ q)' सत्य (T) होगा। इसी के अनुसार पाँचवें स्तम्भ में T और F अंकित करें। चूँकि ' ~ (p ˙ ~ q)' = p ⊃ q' अतः जैसा पाँचवें स्तम्भ में है वैसा ही छठे स्तम्भ में होगा। यही ' p ⊃ q' की सत्यता-सारणी कहलायगी।

सोपाधिक प्रकथनों को कई प्रकार से व्यक्त किया जाता है। 'यदि p तब q' के आकार के प्रकथन को यदि 'p, q'; ' q', यदि 'p'; 'वह p आपादित करता है उस q को'; 'वह p अनुलग्न (entails) करता है उस q को'; 'p केवल यदि q'; 'वह p पर्याप्त उपाधि है उस q का'; या 'वह q एक आवश्यक उपाधि है उस p का', के द्वारा व्यक्त किया जाता है और इन सभी का प्रतीकात्मक रूप होगा 'p ⊃ q'।

4.6 यौगिक (*compound*) प्रकथनों के स्वरूप का निर्णय

यौगिक तर्कवाक्य या प्रकथन चार प्रकार के होते हैं, संयुक्तक (conjunctive), वैकल्पिक (disjunctive), आपादिक (implicative) और निषेधक (negative)।

(i) A • B—संयुक्तक
(b) A ∨ B—वैकल्पिक
(iii) A ⊃ B—आपादिक
(iv) ~ A—निषेधक

इनमें, वैकल्पिक तथा आपादिक तर्कवाक्य दोनों में उपाधियाँ (conditions) हैं, वैकल्पिक में अस्पष्ट तथा आपादिक में स्पष्ट।

A ∨ B का अर्थ है 'यदि A नहीं तब 'B'। विश्लेषण करने पर इसमें भी उपाधिक मिलतीं है।

A ⊃ B में उपाधि स्पष्ट है ' A' तब ' B'। चूँकि विश्लेषण करने पर सभी अन्य तर्कवाक्यों में भी उपाधि मिल सकती है, इसलिए सुविधा के लिए आपादिक या हेत्वाश्रित (implicative or hypothetical) तर्कवाक्य को जिसमें उपाधि स्पष्ट है। सोपाधिक (conditional) तर्कवाक्य या प्रकथन कहा जाता है। कोई वाक्य इन चारों में कौन-सा है यह निर्णय करने में एक-दो बातों का ध्यान रखना आवश्यक है।

(i) कोई वाक्य दूसरे वाक्य से किस चिह्न के द्वारा जुड़ा हुआ है, उसी पर उसका स्वरूप निर्भर है। यदि 'A' तथा 'B' दो तर्कवाक्य हों तब,

A . B दोनों तर्कवाक्य 'A' तथा 'B' संयुक्तक चिह्न '•' के द्वारा जुड़े हुए हैं। यह एक संयुक्तक (conjunctive) यौगिक तर्कवाक्य है।

A ∨ B—दोनों तर्कवाक्य 'A' तथा 'B' 'v' वेज (विकल्प क) चिह्न के द्वारा जुड़े हुए हैं। यह एक वैकल्पिक (disjunctive) यौगिक तर्कवाक्य है।

A ⊃ B—दोनों तर्कवाक्य 'A' तथा 'B' हार्सशू (आपादिक) चिह्न '⊃' के द्वारा जुड़े हुए हैं। यह एक आपादिक या हेत्वाश्रित या सोपाधिक (implicative or hypothetical or conditional) तर्कवाक्य है।

~ A —किसी तर्कवाक्य के पहले '~' (निषेधक) चिह्न रहने पर वह एक निषेधक (negative) तर्कवाक्य है।

(ii) यदि मात्र दो सरल तर्कवाक्य या प्रकथन जुड़े हों तब तो उस तर्कवाक्य के स्वरूप का निर्णय सरल है। पर ऐसे यौगिक तर्कवाक्य भी होते हैं जिनमें दो तर्कवाक्य, जुड़े होते हैं और प्रत्येक स्वयं यौगिक होता है, जैसे,

यदि A, B, C, D, E, F आदि अलग-अलग सरल तर्कवाक्य हों तब, निम्नांकित,

(1) [A ⊃ (B v C)] V [(B v D) • (D v E)]

एक यौगिक तर्कवाक्य है जिसमें दो तर्कवाक्य जुड़े हैं ' [A ⊃ (B v C)]' तथा [B v D) • (D v E)]। यहाँ ध्यान देना है कि **कोष्ठकों के अन्दर सभी तर्कवाक्य एक यौगिक तर्कवाक्य के अंग हैं।** प्रत्येक तर्कवाक्य स्वयं एक यौगिक तर्कवाक्य हैं, जैसे— [A ⊃ (B v C)]। इसमें एक सरल तर्कवाक्य 'A' के साथ एक यौगिक तर्कवाक्य '(B v C)' जुड़ा है। पर बड़े कोष्ठकों के अन्दर के प्रकथन एक हैं और वे ' V' चिह्न से जुड़े हैं। इस प्रकार दिया हुआ तर्कवाक्य वैकल्पिक है। एक दूसरा उदाहरण लें।

(2) [(A v B) • (A ⊃ C)] v [(D ⊃ E) • (E ⊃ F)]

इस तर्कवाक्य में कई तर्कवाक्य आपादिक चिह्न '⊃' से तथा कुछ संयुक्तक से जुड़े हैं, पर बड़े कोष्ठकों के अन्दर दो यौगिक तर्कवाक्य,

(क) [(A v B) • (A ⊃ C)] तथा

(ख) [(D ⊃ E) • (E ⊃ F)] है। ये दोनों वैकल्पिक चिह्न 'v' से जुड़े हैं। अतः सम्पूर्ण यौगिक तर्कवाक्य (2) वैकल्पिक (disjunctive) है।

(3) [(A v B) v C] ⊃ {[C v D) v (E v F)] v (G v H)}

यह तर्कवाक्य सोपाधिक या आपादिक है। पहले बड़े कोष्ठक के अन्दर के सभी तर्कवाक्य एक हैं [A v B) v C] और दूसरे कोष्ठक के अन्दर के सभी तर्कवाक्य {[(C v D) v (E v F)] v (G v H)} एक दूसरा। दोनों का सम्बन्ध आपादिक चिह्न '⊃' से हुआ है, अतः दिया हुआ तर्कवाक्य (3) सोपाधिक या आपादिक है।

4.7 अभ्यास

निम्नलिखित तर्कवाक्यों का स्वरूप बताएँ:—

1. (P ⊃ Q) ⊃ [(~ Q • R) ⊃ (R • P)]।
2. (A ⊃ B) v (~ A ⊃ C)
3. A ⊃ {[A v B) • (~ A v ~ B)] v [(C v D) v E]}
4. {[H • K) ⊃ J] • [~ K v (J • H)]
5. {[O ≡ P) ⊃ Q] v [(S ≡ T) v N]
6. C ⊃ [(~ H v ~ ~ H) ⊃ (C • H)]
7. P ⊃ ~ ~ P
8. (L v N) ⊃ {[O ⊃ (O v P)] ⊃ (K • M) }
9. {[(A ⊃ B) ⊃ (C ⊃ D)] ⊃ (A ⊃ B) } V ~ C
10. {[(P • Q) • (R • S)] • [(P • T) • (U • V)]} ⊃ W

4.8 सत्यता-मूल्य निर्धारित करने की विधि

1. वैसे यौगिक प्रकथनों के, जिनके निर्मायक सरल प्रकथनों के सत्यता-मूल्य ज्ञात हों, सत्यता-मूल्य निर्धारित करने की विधि।

किसी यौगिक प्रकथन के सत्यता-मूल्य को निर्धारित करने में सर्वप्रथम यह देखें कि दिया हुआ यौगिक प्रकथन संयुक्त या वैकल्पिक या आपादिक है। इसके लिए यदि अलग-अलग कोष्ठकों में अलग-अलग प्रकथन हैं, जैसे,

$$(i)\quad \underset{(1)}{\underline{\sim[(X\supset Y)vA]}}\cdot\underset{(2)}{\underline{\sim[(AvB)\supset Y]}}$$

उनके बीच कौन-सा प्रतीक है; जैसे यहाँ संयोजन ' •'है तब उसी के अनुसार इस प्रकथन को संयुक्तक माना जायगा; यदि वियोजन ' V' होता तो वैकल्पिक या यदि आपादन '⊃' होता तो सोपाधिक माना जाता। जैसे,

(ii) $[(X\supset Y)\vee A]\vee\sim(A\vee B)$

वैकल्पिक है और

(iii) $[(X\supset Y)\cdot A]\supset(B\cdot Y)$, आपादिक।

(i) अब यदि संयोजन है तो उसके संयुक्तों के सत्यता-मूल्य अलग-अलग निकाल कर संयोजन के नियमानुसार दिए हुए प्रकथन का सत्यता-मूल्य निकालें। जैसे, यदि एक संयुक्त $\sim[(X\supset Y)\vee A]$ का सत्यता-मूल्य 'असत्य' निकले और दूसरे संयुक्त $\sim[(A\vee B)\supset Y]$ का 'सत्य' तो दिए हुए संयोजन $\sim[(X\supset Y)\vee A]\cdot\sim[(A\vee B)\supset Y]$ का सत्यता-मूल्य 'असत्य (असत्य (F) प्रकथन तथा सत्य (T) प्रकथन', असत्य है।

(ii) यदि वियोजन है तब उसके विकल्पों का अलग-अलग सत्यता-मूल्य निकाल कर वियोजन के नियमानुसार दिए हुए प्रकथन का सत्यता-मूल्य निकालें। यदि एक विकल्प $[(X\supset Y)\vee A]$ का मूल्य 'सत्य' निकला और दूसरे विकल्प $\sim(A\vee B)$ का 'असत्य' तो दिए हुए वैकल्पिक $[(X\supset Y)\vee A]\sim(A\vee B)$ का सत्यता-मूल्य 'सत्य (T) प्र॰ v असत्य (F) प्र॰', सत्य है।

(iii) यदि आपादिक है तो उसी प्रकार पूर्ववर्ती तथा अनुवर्ती का अलग-अलग मूल्य निकाल कर आपादन के नियमानुसार दिए हुए प्रकथन का सत्यतामूल्य निकालें।

यदि पूर्ववर्ती $[(X\supset Y)\cdot A]$ का सत्यता-मूल्य 'सत्य' निकले और अनुवर्ती $(B\cdot Y)$ का 'असत्य' तो दिए हुए आपादिक $[(X\supset Y)\cdot A]\supset(B\cdot Y)$ का सत्यता-मूल्य 'सत्य (T) प्र॰ ⊃ असत्य (F) प्र॰' असत्य है।

(iv) किसी यौगिक प्रकथन के निर्मायक प्रकथन स्वयं यौगिक हो सकते हैं। इसलिए उस प्रकथन के सबसे छोटे अंश से और यदि कोष्ठकों का प्रयोग किया गया हो तो छोटे कोष्ठकों से आरम्भ करें। जैसे—

$$[(X\cdot Y)\supset(X\supset Y)]$$

यहाँ पहले $(X\cdot Y)$ का सत्यता-मूल्य, फिर $(X\supset Y)$ का निकाल कर एक-एक क्रम से बढ़ते जाएँ।

(v) सत्यता-मूल्य के निर्धारण में निम्नलिखित नियमों को याद रखें—

(a) संयोजन—यदि एक भी संयुक्त असत्य है, तो संयोजन असत्य होगा, क्योंकि एक ही स्थिति में संयोजन सत्य होता है, यदि दोनों संयुक्त हों। इसलिए यदि संयोजन में एक संयुक्त का सत्यता-मूल्य 'असत्य(F)'ज्ञात हो तो दूसरे संयुक्त का मूल्य यदि नहीं भी ज्ञात हो तो संयोजन असत्य होगा क्योंकि एक संयुक्त असत्य है। जैसे 'X • P' में यदि ज्ञात हो कि X असत्य है तो P का मूल्य कुछ भी हो, सत्य या असत्य, संयोजन 'X • P' असत्य होगा।

(b) वियोजन—यदि एक विकल्प सत्य हो तो वियोजन सत्य होगा क्योंकि एक ही स्थिति में वियोजन असत्य होता है यदि दोनों विकल्प असत्य हों। इसलिए यदि यह ज्ञात हो कि विकल्प सत्य है तो दूसरे विकल्प की सत्यता-मूल्य कुछ भी हो, सत्य या असत्य, वियोजन सत्य होगा। जैसे 'A v P' में 'A' सत्य हो तो वियोजन सत्य है यदि 'P' का सत्यता-मूल्य नहीं भी ज्ञात हो।

(c) आपादन—यदि अनुवर्ती सत्य हो तो आपादन सत्य होगा क्योंकि एक ही स्थिति में आपादन असत्य होता है यदि पूर्ववर्ती सत्य हो और अनुवर्ती असत्य। इसलिए यदि अनुवर्ती सत्य हो तो पूर्ववर्ती कुछ भी हो, सत्य या असत्य, आपादन सत्य होगा। जैसे 'P ⊃ A' में यदि A सत्य हो तो P का कोई मूल्य हो 'P ⊃ A' सत्य होगा। संक्षेप में—

(i) यदि एक भी संयुक्त असत्य हो, तो संयोजन असत्य है।
(ii) यदि एक भी विकल्प सत्य हो, तो वियोजन सत्य है।
(iii) यदि अनुवर्ती सत्य हो, तो आपादन सत्य है।

4.9 कुछ हल किए हुए प्रश्न

यौगिक प्रकथनों के सत्यता-मूल्य निर्धारित करने की दो विधियाँ है।

1. पहली विधि

उदाहरण

यदि A तथा B सत्य प्रकथन हों और X तथा Y असत्य प्रकथन, तो

(a) ~ (A v X) का सत्यता-मूल्य निम्न विधि से निर्धारित होगा:—

[सत्यता-मूल्य के निर्धारण में सबसे छोटे अंश से आरम्भ करें और क्रम से बड़े-बड़े अंशों के सत्यता-मूल्य निकाल कर आगे बढ़ें।

~ (A v X)—चूँकि A सत्य है और × असत्य, इसलिए वियोजन (A v X) सत्य होगा, और इसका निषेध दिया हुआ प्रकथन ~ (A v X) असत्य।

(b) (~ B • ~ Y)—चूँकि B सत्य है, इसलिए इसका निषेध ~ B असत्य है। चूँकि Y असत्य है इसलिए इसका निषेघ ~ Y सत्य है।

अब दिया हुआ प्रकथन संयोजन (~ B ~ Y) का सत्यता-मूल्य (असत्य • सत्य) असत्य है।

(c) (A v B) • (X v Y)

यह एक संयोजन है। इसके एक संयुक्त (A v B) को पहले लें। चूँकि A सत्य है और B भी सत्य है, इसलिए वियोजन (A v B) सत्य है। दूसरे संयुक्त (X v Y) में चूँकि X असत्य है और Y भी असत्य है, इसलिए वियोजन (X v Y) असत्य[2] है। अतः दिया हुआ

प्रकथन संयोजन (A∨B)•(X∨Y) का सत्यता-मूल्य (सत्य[1] • असत्य[2]) असत्य है।

(d) A•[X∨(B•Y)]

B•Y—चूँकि B सत्य है और Y असत्य है, इसलिए संयोजन (B•Y) असत्य है; चूँकि X असत्य है, इसलिए वियोजन [X∨(B•Y)] का सत्यता-मूल्य (असत्य प्र॰ ∨ असत्य प्र॰) असत्य[1] है। अब A सत्य[2] है, इसलिए दिया हुआ प्रकथन संयोजन A•[X ∨(B•Y)] का सत्यता-मूल्य (सत्य[2] •असत्य[1]) असत्य है।

(e) ~{~[~(A•~B)•~A].~A}

सबसे छोटे कोष्ठक में (A . ~B) है, इसलिए इससे ही आगे बढ़ें।

चूँकि A सत्य है और B भी सत्य, इसलिए B का निषेध ~ B **असत्य** है; अतः संयोजन (A • ~ B) का सत्यता-मूल्य (सत्य • असत्य) **असत्य** होगा; अब इसका निषेध ~ (A • ~ B) सत्य है। A **सत्य** है, अतः इसका निषेध ~ A असत्य है। अब संयोजन [~ (A • ~ B) • ~ A] का सत्यता-मूल्य (सत्य • असत्य) **असत्य** है। इसका निषेध ~ [~ A • ~ B) • ~ A] सत्य है; ~ A **असत्य** है, अतः संयोजन, {~ [~ A • ~ B) • ~ A} • ~ A}, का सत्यता-मूल्य (सत्य • असत्य) असत्य, अतः इसका निषेध दिया हुआ प्रकथन ~ {~ [~ (A • ~ B) • ~ A] • ~ A } **सत्य** है।

(f) [A•X)∨~B]•~[(A•X)∨~B]

यह एक संयोजन है। पहले एक संयुक्त को लें [(A•X)∨~B]—सबसे पहले लघु कोष्ठक का सत्यता-मूल्य निकालें।

चूँकि A सत्य है और X असत्य, इसलिए संयोजन (A•X) **असत्य** है। फिर चूँकि B सत्य है, उसका निषेध ~ B **असत्य** और वियोजन [(A•X)∨~B] (असत्य प्र॰ ∨ असत्य प्र॰) असत्य है; अतः इसका निषेध~[(A•X)∨~B] सत्य[1] है। अब पहला संयुक्त [(A•X)∨~B] का सत्यता-मूल्य ज्ञात है, चूँकि निषेध हटा देने पर दोनों समान हैं। अतः इसका सत्यता-मूल्य असत्य[2] है। अतः दिया हुआ प्रकथन संयोजन [(A•X)∨~B]• ~[(A•X)∨~B] का सत्यता-मूल्य असत्य[2] (असत्य[2]^ सत्य[1]), असत्य है।

(g) [X•(A∨B)]∨~[(X∨A)•(X∨B)]

यह एक वियोजन है। पहले एक विकल्प को लें—[X•(A∨B)]

चूँकि A सत्य है और B भी सत्य है, इसलिए वियोजन (A∨B) का सत्यता-मूल्य (सत्य प्र॰ ∨ सत्य प्र॰) **सत्य है।**

चूँकि X असत्य है, अतः संयोजन [X•(A∨B)] का सत्यता मूल्य

(सत्य • असत्य) **असत्य**[1] है।

अब दूसरा विकल्प लें ~[(X∨A)•(X∨B)]

यह एक संयोजन है। अतः एक संयुक्त (X∨A) को लें। चूँकि X असत्य है और A सत्य, अतः वियोजन (X∨A) का सत्यता-मूल्य (असत्य प्र॰ ∨ सत्य प्र॰) सत्य है। अब चूँकि X असत्य है और B सत्य, अतः वियोजन (X∨B) का सत्यता-मूल्य (असत्य प्र॰ ∨ सत्य प्र॰) सत्य है। इसलिए संयोजन (X∨A)•(X∨B) का सत्यता-मूल्य (सत्य • सत्य) सत्य है। अब इसके निषेध~[(X∨A)•(X∨B)] का सत्यता-मूल्य(~सत्य) **असत्य**[2] है।

अब दिया हुआ प्रकथन $[X \bullet (A \vee B)] \vee \sim [(X \vee A) \bullet (X \vee B)]$ का सत्यता-मूल्य (असत्य^1 प्र॰ $\vee$ असत्य^2 प्र॰) असत्य है।

(h) $X \supset (X \supset Y)$

अनुवर्ती $(X \supset Y)$ का सत्यता-मूल्य :

चूँकि X असत्य है और Y भी असत्य है, इसलिए आपादन $(X \supset Y)$ का सत्यता मूल्य (असत्य प्र॰ $\supset$ असत्य प्र॰) सत्य^1 है।

चूँकि X असत्य^2 है, इसलिए दिया हुआ प्रकथन $X \supset (X \supset Y)$ का सत्यता-मूल्या (असत्य^2 प्र॰ $\supset$ सत्य^1 प्र॰) सत्य है।

(i) $(X \supset A) \supset Y$

पूर्ववर्ती $(X \supset A)$ का सत्यता-मूल्य :

चूँकि X असत्य है और A सत्य है, इसलिए आपादन $(X \supset A)$ का सत्यता मूल्य (असत्य प्र॰ $\supset$ सत्य प्र॰) सत्य^1 है

चूँकि Y असत्य^2 है, अतः दिया हुआ प्रकथन आपादन $(X \supset A) \supset Y$ का सत्यता-मूल्य (सत्य^1 प्र॰ $\supset$ असत्य^2 प्र॰) असत्य है।

(j) $(X \supset Y) \supset (\sim X \supset \sim Y)$

पूर्ववर्ती $(X \supset Y)$ का सत्यता-मूल्य :

चूँकि X असत्य है और Y भी असत्य है, इसलिए आपादन $(X \supset Y)$ का सत्यता-मूल्य (असत्य प्र॰ $\supset$ असत्य प्र॰) सत्य^1 है।

फिर X असत्य है इसलिए इसका निषेध $\sim X$ सत्य है और Y असत्य है अतः इसका निषेध $\sim Y$ सत्य है; इसलिए आपादान $(\sim X \supset \sim Y)$ का सत्यता-मूल्य (सत्य प्र॰ $\supset$ सत्य प्र॰) सत्य^2 है।

अब दिया हुआ प्रकथन आपादन $(X \supset Y) \supset (\sim X \supset \sim Y)$ का सत्यता मूल्य (सत्य^1 प्र॰ $\supset$ सत्य^2 प्र॰) सत्य है।

(k) $[(X \bullet Y) \supset A] \supset [X \supset (Y \supset A)]$

पूर्ववर्ती को लें।

$[(X \bullet Y) \supset A$ —चूँकि X असत्य है और Y भी असत्य है, इसलिए संयोजन $(X \bullet Y)$ असत्य है। A सत्य है, अतः आपादन $[(X \bullet Y) \supset A]$ का सत्यता-मूल्य(असत्य प्र॰ $\supset$ सत्य प्र॰) सत्य^1 है।

अनुवर्ती $[X \supset (Y \supset A)]$—चूँकि Y असत्य है, और A सत्य है, अतः आपादन $(Y \supset A)$ सत्य है। X असत्य है, अतः आपादन $[X \supset (Y \supset A)]$ का सत्यता-मूल्य(असत्य प्र॰ $\supset$ सत्य प्र॰) सत्य^2 है।

अब दिया हुआ प्रकथन $[(X \bullet Y) \supset A] \supset [X \supset (Y \supset A)]$ का सत्यता-मूल्य (सत्य^1 प्र॰ $\supset$ सत्य^2 प्र॰) सत्य है।

(l) $[X \supset (X \supset X)] \supset [(X \supset X) \supset X]$

पूर्ववर्ती $[X \supset (X \supset X)]$—चूँकि X असत्य है, इसलिए आपादन $(X \supset X)$ का

सत्यता-मूल्य (असत्य प्र॰ ⊃ असत्य प्र॰) सत्य है और आपादन [X ⊃ (X ⊃ X)] का (असत्य प्र॰ ⊃ सत्य प्र॰) सत्य[1] है।

अनुवर्ती[(X⊃X)⊃X]—चूँकि(X⊃X)का मूल्य ज्ञात है(सत्य) औरX असत्य है, अतः आपादन[(X⊃X)⊃X) का सत्यता-मूल्य(सत्य प्र॰⊃ असत्य प्र॰) **असत्य[2]** है।

अतः दिए हुए प्रकथन का सत्यता-मूल्य (सत्य[1] प्र॰ ⊃ असत्य[2] प्र॰) असत्य है।

2. दूसरी विधि

इस विधि में वैसे तर्कना की आवश्यकता नहीं है जैसा पहली विधि में बतलाया गया है। यहाँ भी पहले यह निर्णय कर लें कि यह यौगिक प्रकथन क्या है, संयुक्तक, वैकल्पिक या आपादिक। यदि यौगिक प्रकथन दो सरल प्रकथनों से निर्मित है तब उनके मध्य में जो प्रतीक हो उससे निर्णय लें। जैसे—

B • Y—B तथा Y सरल प्रकथन हैं, उनके बीच बिन्दु '•' प्रतीक है;

अतः यह संयुक्तक है। यदि दिए हुए यौगिक प्रकथन में कोष्ठकों का प्रयोग है तो कोष्ठकों के अन्दर की अभिव्यंजना को एक मानकर बीच का प्रतीक देखें, जैसे,

(A • B) ∨ (X • Y) ...(1)

A • [X ∨ (B • Y)] ...(2)

(1) में (A • B) तथा (X • Y) के बीच '∨' प्रतीक है। अतः यह वैकल्पिक है।

(2) में [X x (B • Y)] एक अंश है और दूसरा 'A' है उनके बीच '•' प्रतीक है, अतः यह संयुक्तक है।

अब दिए हुए यौगिक प्रकथन को दाँयी ओर लिखकर बाँयी ओर एक खड़ी रेखा खींच दें। मान लें कि दिए हुए प्रकथन हैं:—

(i) ~ B • ~ Y और

(ii) A • [X ∨ (B • Y)], तब,

~B ~ Y ~ | B ~ Y (i)

A X ∨ (A • Y) | A • [X ∨ (B • Y)] (ii)

फिर यदि यौगिक प्रकथन संयुक्तक है तो दोनों संयुक्तों को या वैकल्पिक है तो दोनों विकल्पों को या आपादिक है तो पूर्ववर्ती और अनुवर्ती को एक रेखा के द्वारा अलग कर बाँयी और अंकित करें।

यहाँ यह स्पष्ट है कि '~ B' का सत्यता-मूल्य 'B' के मूल्य के संकेत से ही निर्धारित होगा और '~ Y' का 'Y' के मूल्य से, इसलिए फिर बाँयी ओर उन सरल प्रकथनों को अंकित करें (ii) में 'X ∨ (B • Y)' का मूल्य अलग-अलग 'X' तथा 'B• Y' के मूल्य के आधार पर ही होगा, इसलिए इन्हें भी वैसे ही अलग कर दें।

B | Y | ~ B | ~Y | ~ B • ~ Y ...(i)

B | Y | X | B • Y | A | X ∨ (B • Y) | A • [X ∨ (B • Y)] ...(ii)

इसी प्रकार छोटे प्रकथनों में विश्लेषण करते जायँ और बांयी ओर लिखते जायँ जब तक कि सरल निर्मायक प्रकथन न मिल जाय। (i) में 'B' और 'Y' तथा (ii) में 'A', 'X', 'B' और 'Y'। सरलतम प्रकथन का मूल्य ज्ञात है, इसलिए नीचे एक रेखा देकर 'T' और

'F' अंकित कर प्रतीकों के नियमों के अनुसार सत्यता-मूल्य निकाल कर दिए हुए प्रकथन का मूल्य निकाल लें। जैसे,

$\frac{B}{T} \Big| \frac{Y}{F} \Big| \frac{\sim B}{F} \Big| \frac{\sim Y}{T} \Big| \frac{\sim B \bullet \sim Y}{F}$ •—असत्य

'B' सत्य (T) है, 'Y' असत्य (F)] अतः '~B असत्य (F) और '~Y' सत्य (T) होगा, अतः दिया हुआ प्रकथन असत्य (F) है।

दूसरी विधि से कुछ हल किये गए प्रश्न

दिया हुआ है कि A और B सत्य हैं तथा X और Y असत्य :

1. $\frac{A}{T} \Big| \frac{X}{F} \Big| \frac{\sim A}{F} \Big| \frac{\sim X}{T} \Big| \frac{\sim A \vee \sim X}{T}$ —सत्य

2. $\frac{X}{F} \Big| \frac{Y}{F} \Big| \frac{A}{T} \Big| \frac{X \bullet Y}{F} \Big| \frac{A \vee (X \bullet Y)}{T}$ —सत्य

3. $\frac{A}{T} \Big| \frac{B}{T} \Big| \frac{A \vee B}{T} \Big| \frac{X}{F} \Big| \frac{Y}{F} \Big| \frac{X \vee Y}{F} \Big| \frac{(A \vee B) \bullet (X \vee Y)}{F}$ —असत्य

4. $\frac{A}{T} \Big| \frac{X}{F} \Big| \frac{B}{T} \Big| \frac{Y}{F} \Big| \frac{A \bullet X}{F} \Big| \frac{B \bullet Y}{F} \Big| \frac{(A \bullet X) \vee (B \bullet Y)}{F}$ —असत्य

5. $\frac{B}{T} \Big| \frac{Y}{F} \Big| \frac{X}{F} \Big| \frac{B \bullet Y}{F} \Big| \frac{A}{T} \Big| \frac{X \vee (B \bullet Y)}{F} \Big| \frac{A \bullet [X \vee (B \bullet Y)]}{F}$ —असत्य

6. $\Big| \frac{\sim\{\sim[\sim(A \bullet \sim B) \bullet \sim A] \bullet \sim A\}}{T}$ —सत्य

$\Big| \frac{\sim A}{F} \Big| \frac{\{\sim[\sim(A \bullet \sim B) \bullet \sim A] \sim A\}}{F}$

$\Big| \frac{\sim(A \bullet \sim B) \bullet \sim A}{F} \Big| \frac{\sim[\sim(A \bullet \sim B) \bullet \sim A}{T}$

$\Big| \frac{B}{T} \Big| \frac{A}{T} \Big| \frac{\sim B}{F} \Big| \frac{A \bullet \sim B}{F} \Big| \frac{\sim(A \bullet \sim B)}{T} \Big| \frac{\sim A}{F}$

7. $\frac{(A \bullet X) \vee (A \bullet Y)}{F} \Big| \frac{\sim[(A \bullet X) \vee (A \bullet Y)]}{T} \Big|$

$$\frac{\dfrac{[A \bullet (X \vee Y)]}{F} \vee \sim \dfrac{[(A \bullet X) \vee (A \bullet Y)]}{T}}{T}$$ —सत्य

X	Y	A	XY	A • (X ∨ Y)	A • X	A • Y
F	F	T	F	F	F	F

8.

A	X	A ⊃ X	Y	(A ⊃ X) ⊃ Y
F	F	F	F	F F → T

—सत्य

9.

X	A	B	Y	X ⊃ A	(X ⊃ A) ⊃ (B ⊃ Y)
F	T	T	F	T	T F → T

—असत्य

10.

~B	A ⊃ B	~A ⊃ ~B	(A ⊃ B) ⊃ (~A ⊃ ~B)
F	T	T	T F → T

—सत्य

A	B	~A
T	T	F

11.

(A • X) ⊃ Y	A ⊃ Y	[(A • X) ⊃ Y] ⊃ (A ⊃ Y)
T	F	F F → F

—असत्य

A	X	A	Y
T	F	F	F

12.

X ⊃ (X ⊃ Y)	(X ⊃ X) ⊃ X	[X ⊃ (X ⊃ Y] ⊃ [(X ⊃ X) ⊃ X]
T	F	T F → F

—असत्य

Y	X	X ⊃ Y	X ⊃ X	X
F	F	T	T	F

II. यदि ऐसे यौगिक प्रकथन हों जिनके निर्मायक प्रकथनों में से कुछ के मूल्य ज्ञात हो और कुछ के नहीं तो उनमें से कुछ के सत्यता-मूल्य संयोजन, वियोजन, निषेध और आपादन के नियमों के द्वारा निश्चय किया जा सकता है।

नियम (1) केवल दोनों संयुक्त के सत्य होने पर ही संयोजन सत्य होता है। अतः संयोजन में यदि एक संयुक्त असत्य है तो दूसरा अज्ञात भी हो तो प्रकथन का सत्यता-मूल्य असत्य होगा।

(2) वियोजन में यदि एक विकल्प सत्य है तो दूसरा अज्ञात भी हो. तो प्रकथन का सत्यता-मूल्य सत्य होगा, दोनों विकल्प के असत्य होने पर ही वैकल्पिक तर्कवाक्य असत्य होता है।

(3) निषेध में एक सत्य हो तो दूसरा असत्य और एक असत्य तो दूसरा सत्य होगा।

(4) आपादन में यदि पूर्ववर्ती सत्य हो और अनुवर्ती असत्य तभी वह असत्य होता है। अतः आपादन में यदि अनुवर्ती सत्य है और पूर्ववर्ती अज्ञात भी हो तो प्रकथन सत्य है।

आपादन में यदि पूर्ववर्ती असत्य है तब अनुवर्ती सत्य हो या असत्य, प्रकथन सत्य होगा।

(5) यदि दोनों सरल प्रकथनों का सत्यता-मूल्य अज्ञात हो तो उन्हें सत्य और असत्य मान कर मूल्य निर्धारित करें।

1. पहली विधि

यदि यह ज्ञात हो कि A तथा B सत्य हैं और X तथा Y असत्य पर P तथा Q का सत्यता-मूल्य ज्ञात नहीं है, तब,

1. $P \cdot X = P \cdot X$ (असत्य)—असत्य
2. $P \vee A = P \vee A$ (सत्य)—सत्य
3. $P \vee \sim Y = P \vee \sim Y$ (सत्य)—सत्य
4. $P \supset A = P \supset A$ (सत्य)—सत्य
5. $Q \vee \sim Q - Q$ को सत्य मानें या असत्य, एक सत्य होगा और दूसरा असत्य

   ∴ सत्य v असत्य या असत्य v सत्य—सत्य

6. $\sim p \vee (\sim A \vee P)$—यदि P सत्य है तब $(\sim A \vee P)$ सत्य है, तब प्रकथन $\sim P \vee (\sim A \vee P)$ सत्य है।

यदि P असत्य है तब $\sim P$ सत्य होगा और एक विकल्प सत्य होने पर $\sim P \vee (\sim A \vee P)$ सत्य है।

7. $Q \vee \sim (P \cdot Q)$—यदि Q सत्य है तो एक विकल्प (पहला) सत्य होने से दिया हुआ प्रकथन सत्य है। यदि Q असत्य है तो $P \cdot Q$ में एक संयुक्त असत्य होने से $P \cdot Q$ असत्य और $\sim (P \cdot Q)$ सत्य है; तब भी वियोजन $[Q \vee \sim (P \cdot Q)]$ सत्य है।

8. $(P \vee Q) \vee (\sim P \cdot \sim Q)$—यदि पहला विकल्प असत्य हो तभी दूसरे विकल्प के सत्यता-मूल्य को जानना आवश्यक है नहीं तो पहला सत्य है तो वियोजन $[(P \vee Q) \vee (\sim P \cdot \sim Q)]$ सत्य होगा।

पहला विकल्प वियोजन है, अतः तभी असत्य होगा यदि दोनों प्रकथन 'P' और 'Q' असत्य हों। यदि दोनों असत्य हों तो उनका निषेध '$\sim P$' और '$\sim Q$' दोनों सत्य होंगे। अतः संयोजन $(\sim P \cdot \sim Q)$ सत्य होगा। फिर एक विकल्प सत्य होने से वियोजन $[(P \vee Q) \vee (\sim P \cdot \sim Q)]$ सत्य है। दोनों ही स्थितियों में यह सत्य है।

9. $(\sim P \vee Q) \vee (P \vee \sim Q)$—P या तो सत्य होगा या असत्य। यदि सत्य है तो दूसरा विकल्प $(P \vee \sim Q)$ सत्य होगा क्योंकि एक विकल्प सत्य है। इसलिए वियोजन $[(\sim P \vee Q) \vee (P \vee \sim Q)]$ सत्य होगा। यदि P असत्य है तो पहले विकल्प में उसका निषेध '$\sim P$' सत्य होगा। इसलिए $(\sim P \vee Q)$ सत्य, अतः $[(\sim P \vee Q) \vee (P \vee \sim Q)]$ सत्य है।

10. $[P \vee (Q \cdot A)] \cdot \sim [(P \vee Q) \cdot (P \vee A)]$—यदि P सत्य है तब दूसरे संयुक्त $\sim [(P \vee Q) \cdot (P \vee A)]$ को लें। P सत्य होने से $P \vee Q$ सत्य और $P \vee A$ भी सत्य होंगे और $[(P \vee Q) \cdot (P \vee A)]$ सत्य होगा; अतः $\sim [(P \vee Q) \cdot (P \vee A)]$ असत्य है। इसलिए संयोजन $[P \vee (Q \cdot A)] \cdot \sim [(P \vee Q) \cdot (P \vee A)]$ असत्य है। यदि P असत्य है और Q सत्य हो

तब [(P∨Q)•(P∨A)] सत्य और उनका निषेध असत्य होगा, अतः दिया हुआ प्रकथन असत्य है। यदि P असत्य है और Q भी असत्य है तब पहला विकल्प असत्य है, इसलिए दिया हुआ प्रकथन असत्य है।

11. X⊃(~ Y⊃Q)—चूँकि X असत्य है, अतः अनुवर्ती सत्य हो या असत्य, दिया हुआ प्रकथन सत्य है।

12. (P∨A)⊃(Q . X)—चूँकि 'A' सत्य है, अतः 'P∨A' सत्य तथा X अत्सय है, अतः (Q • X) असत्य है। इसलिए दिया हुआ प्रकथन असत्य है।

13. A ⊃ (P ⊃ A) चूँकि A सत्य है, अतः P ⊃ A सत्य है, अतः [A ⊃ (P ⊃ A)] सत्य है।

14. [(P ⊃ X) ⊃ P] ⊃ P—यदि P सत्य है, तब [(P ⊃ X) ⊃ P] ⊃ P सत्य है; अतः दिया हुआ प्रकथन सत्य है।

यदि P असत्य है तब 'P ⊃ X' सत्य है, तब [(P ⊃ X) ⊃ P] असत्य, अतः [(P ⊃ X) ⊃ P] ⊃ P सत्य है। अतः P सत्य हों या असत्य दिया हुआ प्रकथन सत्य है।

15. (P ⊃ Q) ⊃ {[P ⊃ (Q ⊃ A)] ⊃ (P ⊃ A)}

A सत्य है, अतः 'P ⊃ A' सत्य है। 'P ⊃ A' सत्य है तब अनुवर्ती {[P ⊃ (Q ⊃ A)] ⊃ (P ⊃ A)} सत्य हैं; अतः (P ⊃ Q) ⊃ {[P ⊃ (Q ⊃ A)] ⊃ (P ⊃ A)} सत्य होगा; अतः दिया हुआ प्रकथन सत्य है।

2. दूसरी विधि

यदि किसी यौगिक प्रकथन के निर्मायक तत्त्वों में से कुछ के मूल्य ज्ञात हो और कुछ के नहीं तो सारणी (Table) बनाकर भी उस यौगिक प्रकथन का सत्यता-मूल्य ज्ञात हो सकता है।

यदि केवल एक प्रकथन का मूल्य अज्ञात हो तब उस सारणी में दो (2^1) पंक्तियाँ होंगी और दो तब चार (2^2)। यहाँ भी अन्य सत्यता-सारणी की भाँति एक सारणी बना लें; फिर ज्ञात प्रकथनों के निश्चित मूल्य को सभी पंक्तियों में भर दें। इसके बाद संयोजन, वियोजन, निषेध तथा आपादन के नियमों के अनुसार दिए हुए प्रकथन का सत्यता मूल्य निकाल लें। **ऐसी सारणी बनाने में पंक्तियों की संख्या अज्ञात मूल्यवाले प्रकथनों की संख्या पर निर्भर है।**

उदाहरण

यदि यह ज्ञात हो कि A तथा B सत्य हैं और X तथा Y असत्य पर P तथा Q का सत्यता-मूल्य अज्ञात हो तब,

(i) P • X के सत्यता-मूल्य के लिए एक सारणी बनाएँ। इसमें एक प्रकथन 'X' का मूल्य ज्ञात है और केवल एक प्रकथन 'P' का मूल्य अज्ञात है, अतः उस सारणी में केवल (2^1) दो पंक्तियाँ होंगी।

P	X (मूल्य ज्ञात है)	P • X
T	F	F
F	F	F

अतः P . X का सत्यता-मूल्य असत्य (F) होगा।

(ii) (QvX)•(Q•~A)

इसमें भी एक ही प्रकथन का सत्यता-मूल्य अज्ञात है, अतः इसकी सारणी में भी दो ही पंक्तियाँ होंगी।

Q	X(ज्ञात)	A(ज्ञात)	~A	(QvX)	(Q•~A)
T	F	T	F	T	F
F	F	T	F	F	F

(QvX)•(Q•~A)
F

अतः (QvX)•(Q•~A)—असत्य F

(iii) ~Pv(~YvQ)

इसमें दो प्रकथनों(PतथाQ) के सत्यता-मूल्य अज्ञात हैं, अतः इसकी सारणी में(2^2) चार पंक्तियाँ होंगीः—

P	Q	Y(ज्ञात)	~P	~Y	(~YvQ)	[~Pv(~YvQ)]
T	T	F	F	T	T	T
T	F	F	F	T	T	T
F	T	F	T	T	T	T
F	F	F	T	T	T	T

अतः ~Pv(~YvQ)—सत्य

(iv)Pv~(Q•P)

P	Q	Q•P	~(Q•P)	Pv~(Q•P)
T	T	T	F	T
T	F	F	T	T
F	T	F	T	T
F	F	F	T	T

अतः Pv~(Q•P)—सत्य

(iii) किसी युक्ति को प्रतीकात्मक रूप में परिवर्तित करने की विधि

(i) बालक या चन्दू प्रथम श्रेणी में पास करेंगे या डार्लिंग विशिष्टता प्राप्त करेगी। यदि 'बालक प्रथम श्रेणी में पास करेगा' को 'B'से, चन्दू प्रथम श्रेणी में पास करेगा' को 'C'से और 'डार्लिंग विशिष्टता प्राप्त करेगी' को 'D'से संकेत किया जाय तो उस तर्कवाक्य का '(BvC)vD' प्रतीकात्मक रूप होगा। बड़े अक्षर 'A', 'B', 'C'इत्यादि स्थिरांकों के लिए व्यवहृत होते हैं।

4.10. अभ्यास

I. 1. सरल तथा यौगिक प्रकथनों में भेद कीजिए। किसी प्रकथन के किसी अंग को उसके निर्मायक होने की कौन-कौन-सी शर्तें हैं?

Distinguish between simple and compound statement. What are the conditions for a statement to be its component?

2. निम्नलिखित पर टिप्पणियाँ लिखिए :—
Write notes on the following :—
(क) सत्यता-फलनीय यौगिक प्रकथन।
(a) Truth-functional compound statement,
(ख) सत्यता-फलनीय निर्मायक।
(b) Truth-functional components.
(ग) प्रतिस्थापित दृष्टांत।
(c) Substitution instance.
(घ) वस्तुगत आपादन।
(d) Material Implication.

II. यदि A तथा B सत्य प्रकथन हैं और X तथा Y असत्य प्रकथन, तो निम्नलिखित यौगिक प्रकथनों में कौन से सत्य हैं?

1. $\sim A \vee \sim X$
2. $\sim (X \bullet X)$
3. $\sim A \vee (X \bullet Y)$
4. $X \bullet (A \vee Y)$
5. $X \vee (B \bullet \sim Y)$
6. $(X \vee B) \vee A)$
7. $(A \vee X) \bullet (B \vee Y)$
8. $(A \bullet X) \vee (B \bullet Y)$
9. $[A \vee (X \bullet Y)] \vee \sim B$
10. $X \vee [A \bullet (Y \vee B)]$
11. $\sim \{\sim [\sim (X \sim Y) \vee \sim Y] \bullet \sim Y\}$
12. $[(A \bullet B) \vee \sim X] \vee \sim [(A \bullet B) \vee \sim X]$
13. $[X \bullet (A \vee B)] \vee \sim [(A \bullet X) Y]$
14. $[A \bullet (X \vee Y)] \vee \sim [(X \vee A) \bullet (X \vee Y)]$
15. $[(A \bullet Y) \vee (A \bullet X)] \vee \sim [(X \bullet A) \vee \sim Y]$
16. $(A \supset A) B$
17. $X \supset (Y \supset B)$
18. $(A \supset X) \supset (B \supset Y)$
19. $(X \supset A) \supset (\sim X \supset \sim Y)$
20. $[(X \bullet B) \supset Y] \supset [A \supset (B \supset X)]$
21. $[Y \supset (A \bullet B)] \supset [B \supset X) \supset A]$
22. $[X \supset (X \supset X)] \supset [(X \supset X) \supset A]$
23. $[(X \supset A) \supset B] \supset Y$
24. $[(A \supset B) \supset B] \supset (B \supset B)$
25. $[(A \supset B) \supset X] \supset \sim (X \supset Y)$
26. $[(A \supset Y) \vee X) \sim [(X \supset Y) \vee \supset A]$
27. $[(A \bullet B) \supset (X \vee Y)] \bullet \sim X$
28. $[\sim (A \bullet X) \supset B] \vee \sim A$
29. $[\sim (A \supset X) \bullet (\sim X \vee Y)] \supset \sim Y$
30. $[(X \supset Y) \vee (\sim X \vee Y)] \supset A$

III. यदि यह ज्ञात हो कि A तथा B सत्य प्रकथन है और X तथा Y असत्य पर P तथा Q का सत्यता-मूल्य अज्ञात हों तब निम्नलिखित प्रकथनों में से किनका सत्यता-मूल्य निर्धारित किया जा सकता है?

1. P • X
2. ~ A • Q
3. Q v ~Y
4. P • ~ P
5. ~ P v (Y v Q)
6. P v ~ (Q • P)
7. (Q v P) • (~ B v Y)
8. (P • ~ Q) v ~ (Q • P)
9. (Q • P) • (~ B v X)
10. [P v (Q v X)] • ~ [(P v Q) v X]
11. (P • ~ P) v (Q v ~ Q)
12. X ⊃ (~ Y ⊃ Q)
13. (P ⊃ B) ⊃ X
14. (P ⊃ B) ⊃ (A ⊃ Y)
15. B ⊃ (Q ⊃ A)
16. ~ (Q • X) ⊃ X
17. [(P ⊃ B) ⊃ P] ⊃ P
18. [(P ⊃ Q) ⊃ P] ⊃ P
19. (P ⊃ Q) ⊃ {[P ⊃ (Q ⊃ A)] ⊃ (P ⊃ A)}
20. (P⊃Q)⊃ {[P⊃ (Q⊃X)]⊃ (P⊃X)}
21. (p • Q) ⊃ [(P • ~ P) v (Q v ~ Q)]
22. (P • X) ⊃ [(P • ~ A) v ~ B]
23. P v P
24. Q • ~ Q
25. (A ⊃ P) ⊃ {[P ⊃ (Q ⊃ X)] ⊃ (P ⊃ X)}
26. P ⊃ P
27. (Q v B) ⊃ X
28. (P ⊃ Y) ⊃ (Y ⊃ P)
29. (Q ⊃ A) ⊃ (A ⊃ Y)
30. ~ (P • X) ⊃ X

IV. सरल प्रकथनों का संक्षेपीकरण बड़े अक्षरों का प्रयोग करके करें और निम्नलिखित को प्रतीकात्मक रूप में परिवर्तित करें:—

1. न रहेगी बाँस, न बजेगी बाँसूरी।
2. वास्तविक धर्म दिखावा नहीं, मन की शांति है।
3. ईश्वर ने मनुष्य की सृष्टि की और मनुष्य ने पाप की।
4. प्रेम ईश्वरीय गुण है और घृणा दानव का।
5. मन्दिर, मस्जिद, कावा, काशी सब में एक ही ईश्वर का आवास है।
6. सुबह का भूला शाम को वापस आ जाए तो वह भूला हुआ नहीं है।
7. दिल्ली का लड्डू खाए सो भी पछताए न खाए सो भी पछताए।
8. धोबी का कुत्ता न घर का न घाट का।
9. हाथी के दाँत दिखाने के और, खाने को और।
10. अजगर करे न चाकरी, पंक्षी करे न काम, दास मलूका यो कहें कि सबके दाता राम।

V. सरल प्रकथन(i) अब्दुल विशिष्टता प्राप्त करेगा, (ii) बालक प्रथम श्रेणी में उत्तीर्ण होगा, (iii) चन्दू प्रथम श्रेणी में उत्तीर्ण होगा और (iv) डार्लिंग विशिष्टता प्राप्त करेगी,

के लिए संक्षिप्त रूप में A, B, C और D अक्षरों का प्रयोग कर निम्नलिखित को प्रतीकात्मक रूप में परिवर्तित करें :—

1. या बालक तथाचन्दू प्रथम श्रेणी में उत्तीर्ण होंगे या डार्लिंग विशिष्टता प्राप्त करेगी।
2. बालक प्रथम श्रेणी में उत्तीर्ण होगा तथा, या चन्दू प्रथम श्रेणी में उत्तीर्ण होगा या अब्दुल विशिष्टता प्राप्त नहीं करेगा।
3. बालक तथा चन्दू दोनों ही प्रथम श्रेणी में उत्तीर्ण नहीं होंगे, लेकिन दोनों डार्लिंग तथा अब्दुल विशिष्टता प्राप्त नहीं करेंगे।
4. या बालक या चन्दू प्रथम श्रेणी में उत्तीर्ण होंगे लेकिन न तो डार्लिंग और न ही अब्दुल विशिष्टता प्राप्त करेगा।
5. या डार्लिंग या अब्दुल विशिष्टता प्राप्त करेगा लेकिन दोनों ही विशिष्टता प्राप्त नहीं करेंगे।
6. चन्दू विशिष्टता प्राप्त नहीं करेगा जबकि बालक प्रथम श्रेणी में उत्तीर्ण होगा।
7. यह बात नहीं है कि न तो बालक या न ही चन्दू प्रथम श्रेणी में उत्तीर्ण होंगे।
8. या डार्लिंग या अब्दुल विशिष्टता प्राप्त करने में असमर्थ होंगे।
9. या डार्लिंग विशिष्टता प्राप्त करेगी, जब दोनों बालक तथा चन्दू प्रथम श्रेणी में उत्तीर्ण होंगे।
10. या डार्लिंग विशिष्टता प्राप्त करेगी तथा अब्दुल विशिष्टता प्राप्त नहीं करेगा या दोनों बालक और चन्दू प्रथम श्रेणी में उत्तीर्ण होंगे।
11. बालक तथा चन्दू दोनों ही प्रथम श्रेणी में उत्तीर्ण होंगे, केवल यदि डार्लिंग प्रथम श्रेणी में उत्तीर्ण नहीं होगी।
12. बालक प्रथम श्रेणी में उत्तीर्ण होगा यदि या चन्दू प्रथम श्रेणी में उत्तीर्ण होगा या डार्लिंग प्रथम श्रेणी में उत्तीर्ण होगी।
13. यदि बालक प्रथम श्रेणी में उत्तीर्ण होगा तो चन्दू या डार्लिंग दोनों ही प्रथम श्रेणी में उत्तीर्ण होंगे।
14. यदि बालक प्रथम श्रेणी में उत्तीर्ण होगा तो या चन्दू या डार्लिंग प्रथम श्रेणी में उत्तीर्ण होगी।
15. यदि बालक प्रथम श्रेणी में उत्तीर्ण नहीं होगा तो यह बात नहीं है कि या चन्दू या डार्लिंग प्रथम श्रेणी में उत्तीर्ण होगी।
16. यदि यह बात नहीं है कि बालक और चन्दू दोनों ही प्रथम श्रेणी में उत्तीर्ण होंगे तो चन्दू तथा डार्लिंग दोनों ही प्रथम श्रेणी में उत्तीर्ण होंगे।
17. यदि बालक प्रथम श्रेणी में उत्तीर्ण होगा तो ना ही दोनों चन्दू तथा डार्लिंग प्रथम श्रेणी में उत्तीर्ण होंगे।
18. यदि बालक प्रथम श्रेणी में उत्तीर्ण नहीं होगा तो दोनों चन्दू तथा डार्लिंग प्रथम श्रेणी में उत्तीर्ण नहीं होंगे।
19. या बालक प्रथम श्रेणी में उत्तीर्ण होगा तथा चन्दू प्रथम श्रेणी में उत्तीर्ण नहीं होगा या यदि चन्दू प्रथम श्रेणी में उत्तीर्ण होगा तो डार्लिंग प्रथम श्रेणी में उत्तीर्ण नहीं होगी।
20. यदि बालक प्रथम श्रेणी में उत्तीर्ण होगा तो चन्दू प्रथम श्रेणी में उत्तीर्ण नहीं होगा लेकिन यदि चन्दू प्रथम श्रेणी में उत्तीर्ण नहीं होगा तो डार्लिंग प्रथम श्रेणी में उत्तीर्ण होगी।
21. यदि बालक प्रथम श्रेणी में उत्तीर्ण होगा तो यदि चन्दू प्रथम श्रेणी में उत्तीर्ण नहीं होगा तो डार्लिंग प्रथम श्रेणी में उत्तीर्ण होगी।

22. या बालक तथा चन्दू प्रथम श्रेणी में उत्तीर्ण होंगे या यह बात नहीं है कि यदि चन्दू प्रथम श्रेणी में उत्तीर्ण होगा तो डार्लिंग प्रथम श्रेणी में उत्तीर्ण होगी।

23. बालक प्रथम श्रेणी में उत्तीर्ण होगा केवल यदि चन्दू या डार्लिंग प्रथम श्रेणी में उत्तीर्ण नहीं होंगे।

24. यदि बालक प्रथम श्रेणी में उत्तीर्ण केवल यदि चन्दू, प्रथम श्रेणी में उत्तीर्ण होगा तो डार्लिंग प्रथम श्रेणी में उत्तीर्ण नहीं होगी।

25. यदि बालक तथा चन्दू दोनों ही प्रथम श्रेणी में उत्तीर्ण नहीं होंगे तो दोनों ही बालक तथा चन्दू प्रथम श्रेणी में उत्तीर्ण नहीं होंगे।

वस्तुनिष्ठ प्रश्न

1. किसी कथन का विभाजन निम्नलिखित प्रकारों में किस एक में सम्भव है?

(क) तीन प्रकार (ख) दो प्रकार
(ग) चार प्रकार (घ) छः प्रकार।

A statement can be divided into which one of the following kinds ?

(a) Three kinds (b) Two kinds
(c) Four kinds (d) Six kinds

2. निम्नलिखित में से कौन-एक किसी कथन के एक अंश का उसका निर्मायक अंश होने की उपाधि है?

(क) कोई कथन
(ख) यदि उस अंश को किसी अन्य कथन से प्रतिस्थापित कर दिया जाय तो वह कथन अर्थपूर्ण हो
(ग) उस कथन का कोई अंश
(घ) उपर्युक्त में से कोई नहीं।

Which one of the following is a condition for a part of a statement to be its component ?

(a) Any statement
(b) if the part is replaced by any other statement it is meaningful
(c) Any part of the statement
(d) None of the above

3. किसी कथन का सत्यता मूल्यः

(क) केवल सत्य होता है। (ख) केवल असत्य होता है
(ग) केवल संदहात्मक होता है। (घ) या तो सत्य या असत्य होता है।

The truth value of a statement is :

(a) true only (b) false only
(c) doubtful only (d) either true or false

4. यदि दो सरल कथनों 'और' तथा 'आदि' शब्दों के द्वारा जोड़ा जाय तो वह यौगिक वाक्य निम्नलिखित में से कौन-एक है?

(क) वैकल्पिक कथन (ख) हेत्वाश्रित कथन
(ग) संयोजन (घ) उपर्युक्त में से कोई नहीं।

If two simple statements are conjoined by the words 'and' 'together with' etc. the compound statement is which one of the following ?

(a) Disjunctive statement (b) Hypothetical statement
(c) conjunctive statement (d) None of the above

5. निम्नलिखित यौगिक वाक्यों में कौन-एक ऐसा है जो सत्य तभी होगा जब उसके सभी निर्मायक अंग सत्य हों?

(क) हेत्वाश्रित वाक्य (ख) वियोजक वाक्य
(ग) निषेधात्मक वाक्य (घ) संयोजित वाक्य।

Which one of the following compound statements is such which can be true if only all its components are true.

(a) Hypothetical (b) Disjunctive
(c) Negative (d) Conjunction

6. निम्नलिखित यौगिक प्रकथनों में कौन-एक ऐसा है जो असत्य तभी हो सकता है यदि केवल इसके सभी निर्मायक असत्य हों?

(क) हेत्वाश्रित (ख) वैकल्पिक
(ग) निषेधात्मक (घ) उपर्युक्त में से कोई नहीं।

Which one of the following compound statements is such which can be false if only all its components are false ?

(a) Hypothetical (b) Disjunctive
(c) Negative (d) None of the above

7. निम्नलिखित यौगिक तर्कवाक्यों में कौन-एक ऐसा है जो तभी असत्य हो सकता है यदि केवल निष्कर्ष असत्य हो और दी हुई उपाधि सत्य?

(क) वैकल्पिक (ख) निषेधात्मक
(ग) संयोजन (घ) सोपाधिक(निर्बल)

Which one of the following compound statement is such which can be false if only when the given condition is true its consequent is false ?

(a) Disjunctive (b) Negative
(c) Conjunction (d) Conditional (weak)

8. निम्नलिखित यौगिक प्रकथनों में कौन-एक ऐसा है जो असत्य होगा तभी जब इसके दोनों विकल्प असत्य हों?

(क) हेत्वाश्रित (ख) वैकल्पिक(निर्बल)
(ग) वैकल्पिक(सबल) (घ) निषेधात्मक।

Which one of the following compound statements is such will be false if both its alternatives are false ?

(a) Hypothetical (b) Disjunctive (weak)
(c) Disjunctive (strong) (d) Negative

9. निम्नलिखित प्रतीकात्मक वाक्यों में कौन-एक सत्य सोपाधिक वाक्य का सूचक है?

(क) $(p \bullet \sim q)$ (ख) $\sim(p \bullet \sim q)$

(ग) $(p \bullet q)$ (घ) $(p \vee q)$।

Which one of the following symbolic statements represents a true conditional proposition ?

(a) $(p \bullet \sim q)$ (b) $\sim(p \bullet \sim q)$

(c) $(p \bullet q)$ (d) $(p \vee q)$

10. निम्नलिखित प्रतीकात्मक वाक्यों में कौन-एक असत्य वैकल्पिक वाक्य का सूचक है?

(क) $(p \bullet q)$ (ख) $(p \bullet \sim q)$

(ग) $(\sim p \bullet q)$ (घ) $(\sim p \bullet \sim q)$

Which one of the following symbolic statements represents a false disjunctive proposition ?

(a) $(p \bullet q)$ (b) $(p \bullet \sim q)$

(c) $(\sim p \bullet q)$ (d) $(\sim p \bullet \sim q)$

11• यदि A और B सत्य कथन हैं और X तथा Y असत्य तो निम्नलिखित यौगिक कथनों में से कौन-एक असत्य है?

(क) $\sim(A \vee X)$ (ख) $\sim B \bullet \sim Y$

(ग) $\sim(B \bullet X)$ (घ) $A \bullet X$

If A and B are true statements and X and Y are false statements which one of the following compound statement is true ?

(a) $\sim(A \vee X)$ (b) $\sim B \bullet \sim Y$

(c) $\sim(B \bullet X)$ (d) $A \bullet X$

12. यदि A और B कथन सत्य हों, X और Y कथन असत्य हों और P तथा Q का मूल्य अज्ञात हो तो निम्नलिखित यौगिक वाक्यों में से कौन-एक सत्य है?

(क) $\sim A \bullet Q$ (ख) $P \vee \sim P$

(ग) $\sim A \bullet P$ (घ) $\sim(P \bullet Q) \bullet X$

If A and B are true statements and X and Y are false statements and the value of P and Q are unknown, which one of the following compound statements is true ?

(a) $\sim A \bullet Q$ (b) $P \vee \sim P$

(c) $\sim A \bullet P$ (d) $\sim(P \bullet Q) \bullet X$

13. यदि A और B कथन सत्य हैं और X तथा Y असत्य कथन हैं और P तथा Q का मूल्य अज्ञात हो तो निम्नलिखित यौगिक वाक्यों में से कौन-एक असत्य है?

(क) $Q \vee \sim Q$ (ख) $A \vee P$

(ग) $P \supset A$ (घ) $Q \bullet X$

If A and B are true statements, X and Y are false statements and the value of P and Q are unknown one of the following compound statement is false ?

(a) $Q \vee \sim Q$ (b) $A \vee P$
(c) $P \supset A$ (d) $Q \bullet X$

14. यदि A और B कथन सत्य हैं, X और Y कथन असत्य तथा P और Q का मूल्य अज्ञात है, तो निम्नलिखित यौगिक कथनों में से कौन-एक असत्य है?

(क) $\sim P \vee (\sim Q \vee P)$ (ख) $\sim P \vee (\sim A \vee P)$
(ग) $\sim P \vee (\sim X \vee P)$ (घ) $(P \vee B) \supset X$

If A B are true statements, X and Y are false statements and the value of P and Q are unknown, which one of the following compound statement is false ?

(a) $\sim P \vee (\sim Q \vee P)$ (b) $\sim P \vee (\sim A \vee P)$
(c) $\sim P \vee (\sim X \vee P)$ (d) $(P \vee B) \supset X$

15. यदि A और B कथन सत्य हैं, X और Y कथन असत्य तथा P तथा Q का मूल्य अज्ञात है, तो निम्नलिखित यौगिक कथनों में से कौन-एक सत्य है?

(क) $(X \supset X) \supset Y$ (ख) $X \supset (X \supset Y)$
(ग) $(X \supset A) \supset Y$ (घ) $A \supset (B \supset Y)$

If a and B are true statements, X and Y are false statements and the value of P and Q are unkown, which one of the following compound statement is true.

(a) $(X \supset X) \supset Y$ (b) $X \supset (X \supset Y)$
(c) $(X \supset A) \supset Y$ (d) $A \supset (B \supset Y)$

16. निम्नलिखित में से कौन-एक का इस चिह्न ($\supset$) से संकेत मिलता है?

(क) वस्तुभूत आपादन (ख) निर्बल वियोजन
(ग) संयोजन (घ) कारणिक आपादन

Which on of the following is indicated by $\supset$?

(a) Material inplication (b) Weak disjunction
(c) Counjunction (d) Causal implication

पाचवाँ परिच्छेद

यौगिक तर्कवाक्यों की युक्तियाँ

(ARGUMENTS CONTAINING COMOUND STATEMENTS)

5.1 युक्ति-आकार तथा सत्यता-सारणी (Argument Forms and Truth-Tables)

5.2 युक्ति-आकार (Argument form)

5.3 युक्तियों की वैधता

5.4 कुछ हल किए हुए प्रश्न

5.5 अभ्यास

5.6 प्रकथन-आकार (Statement Forms)

5.7 पुनरुक्ति (Tautology)

5.8 व्याघात (Contradiction)

5.9 आपातिक (Contingent)

5.10 वस्तुगत समता (Equivalence)

5.11 कुछ हल किए हुए प्रश्न

5.12 अभ्यास

5.13 वस्तुनिष्ठ प्रश्न

पाँचवाँ परिच्छेद

यौगिक तर्कवाक्यों की युक्तियाँ

(ARGUMENTS CONTAINING COMPOUND STATEMENTS)

5.1 युक्ति-आकार तथा सत्यता-सारणी (Argument Forms and Truth-Tables)

युक्तियों[1] की वैधता के परीक्षण की गई विधियाँ हैं। यहाँ मैं सरलतम विधि की व्याख्या करूँगा। कोई युक्ति वैध तब होती है जब उसके आधार-वाक्य सत्य हों और निष्कर्ष भी निश्चित रूप से सत्य हो। पर ऐसी युक्तियाँ भी है जो अवैध हैं पर उनके सभी तर्कवाक्य सत्य होते हैं।

(1) यदि आप कुलपति हैं, तो आप प्रसिद्ध हैं।
आप कुलपति नहीं हैं।
∴ आप प्रसिद्ध नहीं है।

इस युक्ति के सभी तर्कवाक्य सत्य हैं पर यह अवैध है। इसकी अवैधता इससे सिद्ध होती है कि ठीक इसी के सदृश्य अर्थात् ठीक इसी आकार (form) की एक ऐसी युक्ति की रचना की जा सकती है जो अवैध है। वैसी हालत में यह युक्ति भी अवैध होगी। **उदाहरणार्थ**

(2) यदि टाटा कुलपति हैं, तो वे प्रसिद्ध हैं :
पर टाटा कुलपति नहीं हैं;
अतः टाटा प्रसिद्ध नहीं हैं।

इस युक्ति का आकार(रूप) ठीक(1) युक्ति के समान हैं। इसमें केवल 'आप' शब्द के स्थान पर 'टाटा' शब्द स्थानापन्न हुआ है। इसलिए दोनों के आकार में पूर्ण सादृश्य है। पर (2) युक्ति अवैध है क्योंकि दोनों आधार-वाक्य सत्य हैं, पर निष्कर्ष असत्य। अतः युक्ति(1) भी अवैध है। इसे तार्किक सादृश्य के आधार पर खंडन(refutation by logical analogy) भी कहा जा सकता है। इसलिए किसी युक्ति को अवैध सिद्ध किया जा सकता है जब ठीक समान आकार (exactly the same form) की एक युक्ति की रचना की जाय जिसके आधार-वाक्य सत्य हों और निष्कर्ष असत्य। इससे यह भी स्पष्ट होता है कि वैधता

---

1. यहाँ युक्ति शब्द वैसी युक्तियों के लिए प्रयुक्त होता है जिनमें ऐसे यौगिक प्रकथन हों जिनकी सत्यता, निर्मायक सरल प्रकथनों की सत्यता पर निर्भर हो अर्थात् सत्यता-फलनीय यौगिक प्रकथनों (truth functionally compound statements) पर। आगे 'युक्ति' शब्द का ऐसी ही युक्तियों के लिए प्रयोग किया जायगा।

या अवैधता आकारिक विशेषताएँ हैं। युक्ति के वस्तुविषय से वैधता या अवैधता सम्बद्ध नहीं है। (1) और (2) युक्तियों के विषय भिन्न हैं, एक है, 'आप' के सम्बन्ध में दूसरा 'टाटा' के सम्बंन्ध में पर आकार दोनों का एक है। आकार के कारण ही (2) अवैध है तो (1) भी अवैध है। इसलिए वैधता या अवैधता को आकारिक विशेषता माना जाता है।

अब प्रश्न है कि कब और किस युक्ति को ठीक समान आकार या विशिष्ट आकार का कहा जा सकता है?

5.2 युक्ति-आकार (*Argument Form*)

प्रत्येक युक्ति के निर्मायक तत्त्व प्रकथन होते हैं। यदि उन प्रकथनों का संकेत 'p', 'q', 'r', 's' आदि अक्षरों से किया जाय तो 'p' या 'q' या 'r' या 's' आदि को परिवर्ती प्रकथन (statement variables) कहा जाता है। परिवर्ती प्रकथनों को अंग्रेजी वर्णमाला के पिछले छोटे अक्षरों से संकेत किया जाता है। उन्हें परिवर्ती या चर इसलिए कहा जा सकता है कि उनके स्थान पर किसी भी प्रकथन को स्थानापन्न (substitute) किया जा सकता है। उनका मूल्य स्थिर नहीं है। इसलिए परिवर्ती प्रकथन वैसे अक्षर हैं जिनके स्थान पर कोई प्रकथन स्थानापन्न किया जा सकता है। 'p' के स्थान पर 'मंगल एक ग्रह है या कोई दूसरा, जैसे— 'पृथ्वी गोल है प्रकथन स्थानापन्न हो सकता है।

उदाहरणार्थ

यदि मंगल एक ग्रह है, तब वह गोल है।
मंगल एक ग्रह है,
∴ मंगल गोल है।

अब यदि इन प्रकथनों के स्थान पर परिवर्ती प्रकथन रखे जायें अर्थात्

यदि मंगल एक ग्रह है का संकेत 'p' से, मंगल गोल है का 'q' से करें तो इस युक्ति का रूप होगा—

If p, then q	$= p \supset q$	
p	p	→ युक्ति-आकार
∴ q	∴ q	

यही युक्ति का रूप या आकार है। इसलिए युक्ति-आकार संकेतों का क्रम है जिनमें ऐसे **परिवर्ती प्रकथन** (p, q, r, s) होते हैं कि यदि **इनके स्थान पर प्रकथन स्थानापन्न कर दिए जाएँ तो उसका परिणाम** एक युक्ति होता है (जिस संकेत का किसी प्रकथन से स्थानापन्न किया गया है वही प्रकथन उस युक्ति में सभी स्थानों पर उस प्रतीक के लिए होगा)। जैसे—

(1) $p \vee q$
$\sim p$ } युक्ति-आकार
∴ q परिवर्ती प्रकथनों का क्रम

यदि 'p' परिवर्ती प्रकथन, 'गुलाब पीला है का संकेत हो, 'q' परिवर्ती प्रकथन 'गुलाब लाल है का, तब—

(2) गुलाब पीला है या गुलाब लाल है।
गुलाब पीला नहीं है।
∴ गुलाब लाल है।

एक युक्ति है।

(1) को युक्ति-आकार कहा जायगा। युक्ति-आकार युक्ति का सांकेतिक रूप है। परिवर्ती प्रकथनों के स्थान पर प्रकथनों को रखने से जो युक्ति बनती है दोनों का आकार समान होता है। प्रकथनों को **संकेतों के स्थान पर रखने से जिस युक्ति की रचना होती है। उसे उस युक्ति-आकार का प्रतिस्थापित दृष्टांत (substitution instance) कहा जाता है।** यदि सरल प्रकथन 'भारत में एकता होगी' का 'ए' से और भारत बँट जायगा का 'ब' में संकेत किया जाय तो वैकल्पिक न्याय होगा—

(क) ए ∨ ब
~ ए
∴ ब

इस युक्ति का आकार होगा,

(ख) $p \vee q$
$\sim p$
$\therefore q$

(ख) युक्ति-आकार है।

परिवर्ती प्रकथनों को प्रकथनों से स्थानापन्न करने पर (क) युक्ति होती है। इसलिए युक्ति (क) युक्ति-आकार (ख) का प्रतिस्थापित दृष्टांत है। पर यही **दृष्टांत** किसी अन्य युक्ति-आकार का दृष्टांत भी हो सकता है, जैसे—

(ग) एक युक्ति आकार, p
q
$\therefore r$

में 'p' के स्थान पर 'ए v ब', 'q' के स्थान पर '~ ए' और 'r' के स्थान पर 'ब' स्थानापन्न किया जाय तो भी वही युक्ति 'ए v ब', '~ ए', ∴ 'ब' होगी। पर (ग) को युक्ति (क) का **विशिष्ट आकार** (specific form) नहीं कहा जा सकता है।

किसी युक्ति का विशिष्ट आकार वह युक्ति-आकार है जिसमें उसमें भिन्न परिवर्ती प्रकथनों (p, q, r, etc) के स्थान पर भिन्न सरल प्रकथनों को स्थानापन्न किया जाता है, जैसे, 'p' के स्थान पर एक सरल प्रकथन 'ए' 'q' के स्थान पर दूसरा सरल प्रकथन 'ब'।(ग) युक्ति-आकार में'p' के लिए एक यौगिक प्रकथन 'ए v ब' स्थानापन्न किया गया है। इसलिए(क) युक्ति का विशिष्ट आकार युक्ति-आकार(ख) है,(ग) नहीं। जिस प्रकार वैधता और अवैधता युक्तियों में लागू हैं उसी प्रकार युक्ति-आकारों में भी।

5.3 युक्तियों की वैधता

किसी युक्ति की वैधता और अवैधता का परीक्षण सरलता से किया जा सकता है। यदि किसी युक्ति के विशेष आकार का **एक भी ऐसा दृष्टांत (प्रतिस्थापित) मिले जिसमें**

आधार-वाक्य सत्य हों और निष्कर्ष असत्य तो वह युक्ति अवैध है। अतः एक अवैध युक्ति-आकार वह है जिसका कम-से-कम एक दृष्टांत(प्रतिस्थापित) ऐसा हो जिसमें आधार-वाक्य सत्य और निष्कर्ष असत्य हो। वह युक्ति आकार जो अवैध नहीं है, वैध है। अतः एक वैध युक्ति-आकार वह है जिसका एक भी ऐसा दृष्टांत(प्रतिस्थापित) नहीं हो जिसमें आधार-वाक्य सत्य हो और निष्कर्ष असत्य हो। यदि युक्ति-आकार वैध है तो युक्ति भी वैध है और युक्ति-आकार अवैध तो युक्ति भी अवैध।

किसी युक्ति-आकार की वैधता या अवैधता को निर्धारित करने के लिए उसके सभी सम्भव प्रतिस्थापित दृष्टांतों का परीक्षण आवश्यक है, जिसमें यह देखा जाय कि कोई एक दृष्टांत ऐसा तो नहीं है कि दोनों आधार-वाक्य सत्य हों और निष्कर्ष असत्य। यहाँ वैसी ही युक्तियों से सम्बन्ध है जिसमें सरल प्रकथन और उनके यौगिक रूप हों। फिर, आधार-वाक्य तथा निष्कर्ष के सत्यता-मूल्य के सभी सम्भव संयोजनों की परीक्षा करनी होगी। ऐसी सत्यता-सारणी के द्वारा ही सम्भव है। सत्यता-सारणी रचने में, युक्ति में जितने भी परिवर्ती प्रकथन है(p, q, r etc.) उनके लिए एक निर्देशक या प्रारम्भिक स्तम्भ(guide or initial column) होना आवश्यक है। यदि वैकल्पिक न्याय के आकार,

$$p \vee q$$
$$\sim p$$
$$\therefore\ q$$

की वैधता का परीक्षण करना है तो निम्नलिखित सत्यता-सारणी की हम रचना करते हैं—

	नि॰	आ॰ -1	आ॰ -2	
p	q	p ∨ q	~ p	
T	T	T	F	
T	F	T	F	
F	T	T	T	√
F	F	F	T	

[**सत्यता-सारणी बनाने की विधि**—सर्वप्रथम यह देख लें कि दिए हुए युक्ति-आकार में अलग-अलग कितने परिवर्ती प्रकथन(p, q, r आदि) हैं। यदि दो परिवर्ती प्रकथन हैं (p, q) तब $2^2 = 4$, पंक्तियाँ यदि तीन (p, q, r) तब $2^3 = 2 \times 2 \times 2 = 8$, यदि चार (p, q, r, s) तब $2^4 = 2 \times 2 \times 2 \times 2 \times = 16$, और यदि n संख्या हो तब 2^n पंक्तियाँ उस सत्यता-सारणी में होगी। अब स्तम्भों को निर्धारित करें। जितने परिवर्ती प्रकथन हैं (p, q, r etc) उन्हें सिलसिलेवार स्तम्भ के ऊपर अंकित करें। ये निर्देशक स्तम्भ हुए। फिर, क्रम से उन स्तम्भों के आधार पर आधार-वाक्यों या निष्कर्ष में यदि संयोजन या वियोजन या आपादान या निषेध हो उन्हें स्तम्भों के ऊपर अंकित करें। अब निर्देश स्तम्भ के सबसे दाहिनेवाले स्तम्भ में एक के बाद एक सत्य(T) और असत्य(F) अंकित करें(TFTF)। फिर उसके पहले वाले स्तम्भ में जोड़े-जोड़े सत्य(T) और असत्य(F)—TTFF, फिर चार-चार—TTTTFFFF, फिर आठ-आठ।]

ऊपर दिए हुए सत्यता-सारणी की प्रत्येक पंक्ति प्रतिस्थापित दृष्टान्तों अर्थात् युक्तियों के सम्पूर्ण वर्ग का प्रतिनिधित्व करती है। T (सत्य) और F (असत्य) पहले स्तम्भों में उन

प्रकथनों के सत्यता-मूल्य बतलाते हैं जिन्हें युक्ति-आकार के परिवर्ती p तथा q के लिए स्थानापन्न किया जा सकता है। इनसे अन्य स्तम्भों का सत्यता-मूल्य निर्धारित होता है। तीसरा स्तम्भ पहले आधार-वाक्य का (यहाँ स्पष्टता के लिए संक्षेप में 'आ-1' ऊपर में लिख दें) और चौथा दूसरे आधार-वाक्य का (यहाँ स्पष्टता के लिए संक्षेप में 'आ-2' लिखें)। दूसरा स्तम्भ निष्कर्ष का है (यहाँ ऊपर में 'नि॰' लिखें)। 'आ-1' पहले आधार-वाक्य का **संकेत** हैं, 'आ-2' दूसरे का और 'नि॰' निष्कर्ष का। इस सत्यता-सारणी से यह स्पष्ट है कि चाहे कोई प्रकथन परिवर्ती p तथा q के लिए स्थानापन्न हो, जो युक्ति बनेगी उसमें ऐसा नहीं हो सकता कि दोनों आधार-वाक्य सत्य हों और निष्कर्ष असत्य। पर तीसरी पंक्ति में एक ऐसा दृष्टांत है जिसमें दोनों आधार-वाक्य सत्य (T) हैं और निष्कर्ष भी सत्य (T) है। अतः यह युक्ति-आकार वैध है।

सोपाधिक प्रकथनों में आपादन-सम्बन्ध तो कई प्रकार के होते हैं पर उनका आंशिक अर्थ जो सभी में पाया जाता है उसे हमलोगों ने वस्तुगत आपादन कहा था और सभी सोपाधिक प्रकथनों को सत्यता-फलनीय सम्बन्धक प्रतीक '⊃' के द्वारा व्यक्त किया था। अब हम मिश्र हेत्वाश्रित न्याय के दो रूपों की वैधता भी इसी पद्धति से स्थापित कर सकते हैं।

विधायक हेतुफलानुमान

(Modus Ponens) — If p, then q

p

∴ q

निषेधक हेतुफलानुमान—

(Modus Tollens) — If p, then q

∼ q

∴ ∼ p

हेत्वाश्रित न्याय — If p, then q

(Hypothetical Syllogism) — If q, then r

∴ If p, then r

विधायक हेतुफलानुमान [p ⊃ q, p, ∴ q]

(Modus Ponens) की सत्यता-सारणी—

आ$_2$	नि॰	आ,
p	q	p ⊃ q
T	T	T
T	F	F
F	T	T
F	F	T

[यहाँ दो परिवर्तो प्रकथन हैं, इसलिए पंक्तियाँ $2^2 = 4$ होंगी। दोनों को पहले दो स्तम्भों के ऊपर अंकित करें, फिर प्रथम आधारवाक्य को, क्योंकि p तथा q के सत्यता-मूल्य पर उसका मूल्य आधारित है। अब T तथा F के भरने की जो विधि बताई गई है उसी के अनुसार भर लें। फिर p ⊃ q के नीचे नियमानुसार भरें।]

यहाँ दोनों आधार-वाक्यों का संकेत तीसरे और पहले स्तम्भों से होता है और निष्कर्ष का दूसरे से। एक पंक्ति में एक ऐसा दृष्टांत(प्रतिस्थापित) है कि दोनों आधार-वाक्य सत्य हैं और निष्कर्ष भी सत्य है। पर किसी भी पंक्ति में ऐसा दृष्टांत नहीं है कि दोनों आधार-वाक्य सत्य हों और निष्कर्ष असत्य। अतः यह युक्ति-आकार वैध है।

निषेधक हेतुफलानुमान [$p \supset q, \sim q, \quad \therefore \sim p$]

(Modus Tollens)की सत्यता-सारणी—

		आ$_1$॰	आ$_2$॰	नि॰
p	q	$p \supset q$	$\sim q$	$\sim p$
T	T	T	F	F
T	F	F	T	F
F	T	T	F	T
F	F	T	T	T √

यहाँ तीसरे स्तम्भ में पहला आधार-वाक्य और चौथे में दूसरा तथा पाँचवें में निष्कर्ष है। चौथा पंक्ति में एक ऐसा दृष्टांत है कि जिसमें दोनों आधार-वाक्य सत्य हैं और निष्कर्ष भी सत्य है। पर किसी भी पंक्ति में ऐसा दृष्टान्त नहीं है कि दोनों आधार-वाक्य सत्य हों और निष्कर्ष असत्य। अतः यह एक वैध युक्ति-आकार है।

अब, हेत्वाश्रित न्याय [$p \supset q, q \supset r, \quad \therefore p \supset r$] की सत्यता-सारणी—

				आ$_1$	आ$_2$	नि॰
पंक्तियों की संख्या	p	q	r	$p \supset q$	$q \supset r$	$p \supset r$
1.	T	T	T	T	T	T √
2.	T	T	F	T	F	F
3.	T	F	T	F	T	T
4.	T	F	F	F	T	F
5.	F	T	T	T	T	T √
6.	F	T	F	T	F	T
7.	F	F	T	T	T	T √
8.	F	F	F	T	T	T √

यहाँ तीन परिवर्ती प्रकथन हैं, p, q, r इसलिए $2^3 = 2 \times 2 \times 2 = 8$ पंक्तियाँ होंगी। पहले तीन स्तम्भ तीनों परिवर्ती प्रकथनों के हैं, चौथा और पाँचवाँ पहले दो आधार-वाक्यों के तथा छठा निष्कर्ष का। इसमें पहली, पाँचवीं, सातवीं और आठवीं पंक्तियों में दोनों आधार-वाक्य सत्य हैं और सभी में निष्कर्ष भी सत्य है। किसी भी पंकित में ऐसा दृष्टांत नहीं है कि सभी आधार-वाक्य सत्य हों और निष्कर्ष असत्य। अतः यह युक्ति-आकार वैध है।

हेत्वाश्रित न्याय के दो अवैध रूप विधायक हेतुफलानुमान (Modus Ponens) और निषेधक हेतुफलानुमान (Modus Tollens) के तरह प्रतीत होते हैं।

1.		और	2.	
	$p \supset q$			$p \supset q$
	q			$\sim p$
$\therefore$	p		$\therefore$	$\sim q$
अनुवर्ती भाव-दोष			पूर्ववर्ती निषेध-दोष	

दोनों की अवैधता सत्यता-सारणी से सिद्ध किया जाता है।

1. की सत्यता-सारणी—

नि॰	आ॰$_2$	आ॰$_1$
p	q	p ⊃ q
T	T	T
T	F	F
F	T	T √
F	F	T

तीसरी पंक्ति पहले आधार-वाक्य का तथा दूसरा दूसरे आधार-वाक्य का और पहला स्तम्भ निष्कर्ष का संकेत करता है। तीसरी पंक्ति में एक ऐसा दृष्टांत है कि दोनों आधार-वाक्य सत्य हैं पर निष्कर्ष असत्य। अतः यह युक्ति-आकार अवैध है।

2. की सत्यता-सारणी

		आ$_1$	आ$_2$	नि॰
p	q	p ⊃ q	~ p	~ q
T	T	T	F	F
T	F	F	F	T
F	T	T	T	F √
F	F	T	T	T

यहाँ तीसरा और चौथा स्तम्भ पहले और दूसरे आधार-वाक्यों का संकेत है और पाँचवाँ निष्कर्ष का। तीसरी पंक्ति ऐसे दृष्टांत का है जिसमें दोनों आधार-वाक्य सत्य हैं पर निष्कर्ष असत्य। अतः यह युक्ति-आकार अवैध है।

इन सारणीयों से यह स्पष्ट है कि वैध युक्ति-आकारों के प्रतिस्थापित दृष्टांत वैध युक्तियाँ हैं पर अवैध युक्ति-आकारों के वैध तथा अवैध दोनों दृष्टांत मिलते हैं। अतः यह सिद्ध करने के लिए कि कोई युक्ति अवैध है यह सिद्ध करना होगा कि इस युक्ति का विशिष्ट आकार अवैध है।

सारांश

1. कोई युक्ति तब अवैध सिद्ध होगी जब ठीक उसी आकार की कोई युक्ति अवैध हो।
2. यदि किसी युक्ति के प्रकथनों के स्थान पर किन्हीं चिह्नों, जैसे 'p', 'q', 'r', 's' आदि का प्रयोग करने से जो युक्ति बनती है, उसे युक्ति-आकार कहा जाता है।
3. उन चिह्नों को (p, q, r आदि को) परिवर्ती प्रकथन कहा जाता है क्योंकि उनका मूल्य स्थिर नहीं है। उनके स्थान पर कोई प्रकथन स्थानापन्न हो जाता है।
4. परिवर्ती प्रकथनों के स्थानापन्न करने से जो युक्ति बनती है वह उस युक्ति आकार का प्रतिस्थापित दृष्टांत है।
5. यदि किसी युक्ति-आकार की सत्यता-सारणी बनाई जाय और उसमें **एक भी ऐसा दृष्टांत मिले जिसमें दोनों आधार-वाक्य सत्य हों और निष्कर्ष असत्य तो वह युक्ति-आकार अवैध** है। इसलिए उस आकार की कोई युक्ति अवैध होगी।
6. जो युक्ति अवैध नहीं है, वह वैध है।

सारांश

युक्ति-आकार की वैधता सत्यता-सारणी द्वारा निर्धारित करने की विधि

इस विधि के द्वारा किसी युक्ति-आकार की वैधता के परीक्षण के लिए एक सत्यता-सारणी बनाने की आवश्यकता होती है। सत्यता-सारणी बनाने में जितने परिवर्ती प्रकथन p, q, r, s इत्यादि हैं उन्हें आरम्भ में सिलसिलेवार स्तम्भ के ऊपर अंकित कर दें। वे ही निर्देश स्तम्भ होंगे। अब युक्ति-आकार में वैसे प्रकथनों को जिनका सत्यता-मूल्य p, q, r इत्यादि पर निर्भर है, आगे के स्तम्भ के ऊपर अंकित करें; जैसे, $\sim p \vee \sim q$ कोई एक आधार-वाक्य हो तो पहले $\sim p$ का एक स्तम्भ फिर $\sim q$ का एक स्तम्भ, तब $\sim p \vee \sim q$ का अलग स्तम्भ होगा। इस प्रकार आधार-वाक्य का स्तम्भ बना लेने के बाद निष्कर्ष का स्तम्भ बना लें। निष्कर्ष पहले स्तम्भ में भी आ सकता है। पंक्तियों की संख्या जितने परिवर्ती प्रकथन हैं उनसे निकल जायगा। अब सत्यता-मूल्य पहले निर्देश स्तम्भों का अंकित करें और उन्हीं के निर्देश से अन्य स्तम्भों का। सत्यता (T) तथा असत्यता (F) अंकित करने के बाद यह देखें कि किस पंक्ति में दोनों आधार-वाक्य सत्य हैं। यदि एक भी ऐसा दृष्टांत मिले जिसमें आधार-वाक्य सत्य हों और निष्कर्ष असत्य तो वह युक्ति आकार अवैध है, नहीं तो वैध। आधार-वाक्यों के ऊपर पहले आधार-वाक्य के लिए ''आ-I'', दूसरे आधार-वाक्य के लिए ''आ-II'' तथा निष्कर्ष के ऊपर 'नि॰' लिख दें। इससे सुविधा होगी।

5.4 कुछ हल किए हुए प्रश्न

(a) $p \cdot q$

$\therefore p$

नि॰		आ॰	
p	q	$p \cdot q$	
T	T	T	√
T	F	F	
F	T	F	
F	F	F	

इसमें आधार-वाक्य तीसरा स्तम्भ है। इसे ऊपर में नोट कर लें। निष्कर्ष पहला स्तम्भ है। इसमें एक भी दृष्टांत नहीं है जिसमें आधार-वाक्य सत्य और निष्कर्ष असत्य हो। पहली पंक्ति में आधार-वाक्य सत्य है और निष्कर्ष भी सत्य है। अतः यह वैध युक्ति-आकार है।

(b) $p \vee q$

$\therefore p$

नि॰		आ॰	
p	q	$p \vee q$	
T	T	T	
T	F	T	
F	T	T	√
F	F	F	

इनमें तीसरी पंक्ति में आधार-वाक्य सत्य (T) है पर निष्कर्ष असत्य (F), अतः यह युक्ति-आकार अवैध है।

(c) p

∴ q ⊃ p

आ॰		नि॰
p	q	q ⊃ p
T	T	T √
T	F	T √
F	T	F
F	F	T

इसमें पहली और दूसरी पंक्ति में ऐसे दृष्टांत हैं जिनमें आधार-वाक्य सत्य है और निष्कर्ष भी सत्य है। कोई दृष्टांत नहीं है जिसमें आधार-वाक्य सत्य और निष्कर्ष असत्य हो। अतः यह वैध युक्ति-आकार है।

(d) p ⊃ q

∴ ~ q ⊃ ~ p

		आ॰			नि॰
p	q	p ⊃ q	~ q	~ p	~ q ⊃ ~ p
T	T	T	F	F	T √
T	F	F	T	F	F
F	T	T	F	T	T √
F	F	T	T	T	T √

पहली, तीसरी और चौथी पंक्तियों में ऐसे दृष्टांत हैं जिनमें आधार-वाक्य सत्य हैं और निष्कर्ष भी सत्य है। कोई भी ऐसा दृष्टांत नहीं है जिसमें आधार-वाक्य सत्य और निष्कर्ष असत्य हो। अतः यह युक्ति-आकार वैध है।

(e) p ⊃ (q • r)

∴ ~ (q • r) ⊃ p इसमें तीन परिवर्ती प्रकथन हैं,

अतः $2^3 = 8$ पंक्तियाँ होंगी।

				आ॰		नि॰
p	q	r	q • r	p ⊃ (q • r)	~ (q • r)	~ (q • r) ⊃ p
T	T	T	T	T	F	T
T	T	F	F	F	T	T
T	F	T	F	F	T	T
T	F	F	F	F	T	T
F	T	T	T	T	F	T
F	T	F	F	T	T	F √
F	F	T	F	T	T	F √
F	F	F	F	T	T	F √

छठी, सातवीं और आठवीं पंक्तियों में ऐसे दृष्टांत हैं जिनमें आधार-वाक्य सत्य (T) पर निष्कर्ष असत्य (F) है, अतः यह युक्ति-आकार अवैध है।

(f) $p \supset q$
$p \vee q$
$\therefore q$

	नि०	आ$_1$	आ$_2$	
p	q	$p \supset q$	$p \vee q$	
T	T	T	T	√
T	F	F	T	
F	T	T	T	√
F	F	T	F	

इसमें पहली और तीसरी पंक्तियों में ऐसे दृष्टांत हैं जिनमें दोनों आधार-वाक्य सत्य (T) हैं और निष्कर्ष भी सत्य है। एक भी ऐसा दृष्टांत नहीं है जिसमें आधार-वाक्य सत्य और निष्कर्ष असत्य हो। अतः यह वैध युक्ति-आकार है।

(g) $(p \supset q) \cdot (p \supset r)$
p
$\therefore q \vee r$

आ$_2$					आ$_1$	नि०	
p	q	r	$p \supset q$	$p \supset r$	$[(p \supset q) \cdot (p \supset r)]$	$q \vee r$	
T	T	T	T	T	T	T	√
T	T	F	T	F	F	T	
T	F	T	F	T	F	T	
T	F	F	F	F	F	F	
F	T	T	T	T	T	T	
F	T	F	T	T	T	T	
F	F	T	T	T	T	T	
F	F	F	T	T	T	F	

इसमें पहली पंक्ति में ऐसा दृष्टांत है जिसमें दोनों आधार-वाक्य सत्य हैं और निष्कर्ष भी सत्य है। एक भी ऐसा दृष्टांत नहीं है जिसमें आधार-वाक्य सत्य और निष्कर्ष असत्य हो। अतः यह वैध युक्ति-आकार है।

(h) $(p \vee q) \supset (p \cdot q)$
$\sim (p \vee q)$
$\therefore \sim (p \cdot q)$

				आ$_1$	आ$_2$	नि०	
p	q	$p \vee q$	$p \cdot q$	$(p \vee q) \supset (p \cdot q)$	$\sim (p \vee q)$	$\sim (p \cdot q)$	
T	T	T	T	T	F	F	
T	F	T	F	F	F	T	
F	T	T	F	F	F	T	
F	F	F	F	T	T	T	√

इसमें चौथी पंक्ति में ऐसा दृष्टांत है जिसमें दोनों आधार-वाक्य सत्य(T)हैं और निष्कर्ष भी सत्य(T)है। एक भी दृष्टांत ऐसा नहीं है जिसमें आधार-वाक्य सत्य और निष्कर्ष असत्य हो। अतः यह युक्ति-आकार वैध है।

(i) $(p \supset q)\ \hat{}\ (r \supset s)$

$q \vee s$

$\therefore$ $p \vee r$

पंक्तियाँ $2^4 = 16$

p	q	r	s	p ⊃ q	r ⊃ s	आ₁ (p ⊃ q) • (r ⊃ s)	आ₂ q ∨ s	नि॰₁ p ∨ r
T	T	T	T	T	T	T	T	T
T	T	T	F	T	F	F	T	T
T	T	F	T	T	T	T	T	T
T	T	F	F	T	T	T	T	T
T	F	T	T	F	T	F	T	T
T	F	T	F	F	F	F	F	T
T	F	F	T	F	T	F	T	T
T	F	F	F	F	T	F	F	T
F	T	T	T	T	T	T	T	T
F	T	T	F	T	F	F	T	T
F	T	F	T	T	T	T	T	F √
F	T	F	F	T	T	T	T	F √
F	F	T	T	T	T	T	T	T
F	F	T	F	T	F	F	F	T
F	F	F	T	T	T	T	T	F √
F	F	F	F	T	T	T	F	F

ग्यारहवीं, बारहवीं तथा पन्द्रहवीं पंक्तियों में ऐसे दृष्टांत हैं जिनमें दोनों आधार-वाक्य सत्य (T) हैं पर निष्कर्ष असत्य (F) है। अतः यह युक्ति-आकार अवैध है।

(II) युक्तियों के युक्ति-आकार पहचानने में बड़ें अक्षरों के स्थान पर छोटे अक्षरों को स्थानापन्न कर दें। प्रतीक वहीं रहेंगे। कभी-कभी अलग-अलग सरल प्रकथनों के लिए p, q, r नहीं, बल्कि सम्पूर्ण यौगिक प्रकथन के लिए p या q या r इत्यादि स्थानापन्न किया जाता है। ऐसी युक्ति उस आकार का एक आकार होगा पर विशिष्ट आकार नहीं। जैसे—

$(A \supset X) \supset Y$

$A \supset X$

$\therefore Y$

यहाँ '$A \supset X$' के लिए p और 'Y' के लिए q स्थानापन्न होगा।

$p \supset q$

p

$\therefore q$ यह विशिष्ट आकार नहीं है। यह उस युक्ति का एक आकार है विशिष्ट आकार नहीं।

पर $(A \supset B) \cdot (C \supset D)$

$A \vee C$

$\therefore B \vee D$ के लिए

$(p \supset q) \cdot (r \supset s)$

$p \vee r$

$\therefore \quad q \vee s$

इसमें सभी सरल प्रकथनों के स्थान पर अलग-अलग परिवर्ती रखे गए हैं। यह एक विशिष्ट आकार है।

युक्तियों की वैधता का परीक्षण

(1) यदि आसाम समझौता सर्वमान्य होगा तो या आसाम में चुनाव होगा या विधान सभा विघटित होगी। विधान सभा विघटित नहीं होगी। अतः यदि आसाम में चुनाव नहीं होगा तो आसाम समझौता सर्वमान्य नहीं होगा। [नामों के पहले अक्षरों का प्रतीकात्मक रूप में प्रयोग करें।]

पहले इस युक्ति को प्रतीकात्मक रूप में परिवर्तित करें।

$A \supset (C B)$

$\sim B$

$\therefore \quad \sim C \supset \sim A$

इसमें बड़े अक्षरों का प्रयोग करें। इस युक्ति का विशिष्ट युक्ति-आकार निम्नलिखित है :—

$p \supset (r \vee q)$

$\sim q$

$\therefore \quad \sim r \supset \sim p$

अब सत्यता-सारणी बना कर इसकी वैधता का परीक्षण करें।

				आ$_1$	आ$_2$			नि॰	
p	q	r	$r \vee q$	$p \supset (r \vee q)$	$\sim q$	$\sim r$	$\sim p$	$\sim r \supset \sim p$	
T	T	T	T	T	F	F	F	T	
T	T	F	T	T	F	T	F	F	
T	F	T	T	T	T	F	F	T	√
T	F	F	F	F	T	T	F	F	
F	T	T	T	T	F	F	T	T	
F	T	F	T	T	F	T	T	T	
F	F	T	T	T	T	F	T	T	√
F	F	F	F	T	T	T	T	T	√

किसी भी पंक्ति में दोनों आधार-वाक्य सत्य (T) और निष्कर्ष असत्य (F) नहीं है। तीसरी, सातवीं और आठवीं पंक्तियों में दोनों आधार-वाक्य सत्य और निष्कर्ष भी सत्य है। यह युक्ति-आकार वैध है। अतः दी हुई युक्ति वैध है।

5.5 अभ्यास

(i) निम्नलिखित युक्ति-आकारों की वैधता या अवैधता सत्यता-सारणी की सहायता से निर्धारित कीजिए:—

1. p
 $\therefore p \vee q$
2. p
 $\therefore p \cdot q$
3. p
 $\therefore p \supset q$
4. $p \vee q$
 $\therefore p$
5. $p \cdot q$
 $\therefore p$
6. $p \supset q$
 $\therefore q$
7. $p \supset q$
 $\therefore \sim p \cdot \sim q$
8. $p \supset q$
 $\therefore \sim p \supset \sim q$
9. $p \supset (q \cdot r)$
 $\therefore \sim (q \cdot r) \supset \sim p$
10. $p \supset q$
 $\therefore q \supset p$
11. p
 q
 $\therefore p \cdot q$
12. $p \supset q$
 $q \supset p$
 $\therefore p \vee q$
13. $p \supset q$
 $q \supset p$
 $\therefore p \cdot q$
14. $p \supset (q \supset r)$
 $p \supset q$
 $\therefore p \supset r$
15. $(p \supset q) \cdot (p \supset r)$
 p
 $\therefore q \vee r$
16. $(p \supset q) \cdot (r \supset s)$
 $\sim q \vee \sim s$
 $\therefore \sim p \vee \sim r$
17. $p \vee (q \cdot \sim p)$
 p
 $\therefore (q \cdot \sim p)$
18. $(p \supset q) \cdot (r \supset s)$
 $\sim p \vee \sim r$
 $\therefore \sim q \vee \sim s$
19. $(p \vee q) \supset (p \cdot q)$
 $p \cdot q$
 $\therefore p \vee q$
20. $(p \vee q) \supset (p \cdot q)$
 $\sim (p \vee q)$
 $\therefore \sim (p \cdot q)$

(II) निम्नलिखित युक्तियाँ अभ्यास I के किन युक्ति-आकारों के प्रतिस्थापित दृष्टांत हैं, इसका संकेत करें तथा यदि इनका कोई विशिष्ट आकार हो तो उसे भी बतलाएँ:—

1. $A \cdot B$
 $\therefore A$
2. $A \supset B$
 $\therefore B$
3. $A \supset (B \vee C)$
 $\therefore \sim A \cdot \sim (B \vee C)$
4. $A \supset (B \cdot C)$
 $\therefore \sim (B \cdot C) \supset \sim A$
5. $A \supset B$
 $\therefore \sim B \sim A$
6. A
 B
 $\therefore A \cdot B$

7. $A \supset B$
$B \supset A$
$\therefore A \vee B$

8. $(A \supset B) \cdot (A \supset C)$
A
$\therefore B \vee C$

9. $A \vee B$
A
$\therefore \sim B$

10. $(A \supset B) \cdot (C \supset D)$
$\sim B \vee \sim D$
$\therefore \sim A \vee \sim C$

11. $A \supset B$
$\sim A$
$\therefore \sim B$

12. $A \supset B$
B
$\therefore A$

13. $A \supset B$
$\therefore B \supset A$

14. A
$\therefore A \vee B$

15. A
$\therefore A \cdot B$

(III) निम्नलिखित युक्तियों के विशिष्ट युक्ति-आकार बतलाएँ :—

1. $(A \supset B) \vee \sim (B \supset C)$
$A \vee B$
$\therefore B \vee C$

2. $(A \vee B) \supset (A \vee C)$
$\therefore A \cdot \sim (B \vee C)$
$\therefore B$

3. $(A \supset B) \cdot (\sim C \supset \sim D)$
$B \vee D$
$\therefore A \vee D$

4. $(A \supset B) \supset (B \supset A)$
$A \supset B$
$\therefore B \supset A$

5. $(A \vee B) \supset (C \supset D)$
$\sim B \supset \sim D$
$\therefore \sim A \cdot \sim D$

(IV) निम्नलिखित युक्तियों में से प्रत्येक की वैधता या अवैधता निर्धारित करने के लिए सत्यता-सारणी का प्रयोग करें :—

(1) यदि पंजाब समझौता सफल होता है तो या अकाली दल की नैतिक विजय होगी या धार्मिक संकीर्णता बढ़ेगी। अकाली दल की नैतिक विजय होगी। अतः यदि पंजाब समझौता सफल होता है तो धार्मिक संकीर्णता बढ़ेगी।

(2) यदि आसाम समझौता सर्वमान्य होगा तो या आसाम में चुनाव होगा या विधान सभा विघटित नहीं होगी। अतः यदि आसाम में चुनाव नहीं होगा तो आसाम समझौता सर्वमान्य नहीं होगा।

(3) यदि भारत विश्व बैंक से ऋण लेगा तो मुद्रास्फीति बढ़ेगी तथा भारत अन्न का आयात करेगा। मुद्रास्फीति नहीं बढ़ेगी। अतः भारत विश्व बैंक से ऋण नहीं लेगा।

(4) यदि भारत विश्व कप में भाग लेता है तो यदि कपिलदेव भारतीय टीम का कप्तान होता है तो भारत वियज प्राप्त करेगा। कपिलदेव भारतीय टीम का कप्तान नहीं होगा। अतः या भारत विश्व कप में भाग नहीं लेगा या भारत विजय प्राप्त नहीं करेगा।

(5) यदि बीज-सूची सही है तो यदि बीज अप्रैल में बोया जाता है तो फूल जुलाई में खिलते हैं। फूल जुलाई में नहीं खिलते हैं। अतः यदि बीज अप्रैल में बोया जाता है तो बीज-सूची सही नहीं है।

(6) यदि बीज-सूची सही नहीं है तो यदि बीज अप्रैल में बोया जाता है तो फूल जुलाई में खिलते हैं। फूल जुलाई में खिलते हैं। अतः यदि बीज-सूची सही है, तो बीज अप्रैल में बोया जाता है।

(7) यदि बीज-सूची सही है तो यदि बीज अप्रैल में बोया जाता है, तो फूल जुलाई में खिलते हैं। बीज अप्रैल में बोया जाता है। अतः यदि फूल जुलाई में नहीं खिलते हैं, तो बीज-सूची सही नहीं है।

(8) यदि बीज-सूची सही है तो यदि बीज अप्रैल में बोया जाता है, तो फूल जुलाई में खिलते हैं। फूल जुलाई में नहीं खिलते हैं। अतः यदि बीज अप्रैल में नहीं बोया जाता है तो बीज-सूची सही नहीं है।

(9) यदि भारत परमाणु बम बनाता है तो पाकिस्तान भी परमाणु बम बनाएगा तथा यदि पाकिस्तान परमाणु बम बनाएगा तो अमेरिका उसे बम बनाने से रोकेगा। या भारत परमाणु बम बनाता है या अमेरिका पाकिस्तान को बम बनाने से रोकेगा। अतः, पाकिस्तान परमाणु बम नहीं बनाएगा।

(10) यदि भारत परमाणु बम बनाता है तो या पाकिस्तान भी अणु बम बनाएगा या अमेरिका पाकिस्तान को अणु बम बनाने से मना करेगा। पाकिस्तान अणु बम नहीं बनाएगा। अतः यदि अमेरिका पाकिस्तान को अणु बम बनाने से रोकता है तो भारत परमाणु बम नहीं बनाएगा।

(11) यदि भारत परमाणु बम बनाता है तो पाकिस्तान भी परमाणु बम बनाएगा तथा यदि पाकिस्तान परमाणु बम बनाता है अमेरिका उसे मना करेगा। या पाकिस्तान परमाणु बम नहीं बनाएगा या अमेरिका उसे मना नहीं करेगा। अतः भारत परमाणु बम नहीं बनाएगा।

(12) यदि भारत परमाणु बम बनाता है तो पाकिस्तान भी अणुबम बनाएगा तथा यदि पाकिस्तान अणुबम बनाता है तो अमेरिका उसे मना करेगा। या भारत परमाणु बम नहीं बनाता है या पाकिस्तान अणुबम नहीं बनाएगा। अतः या पाकिस्तान अणु बम नहीं बनाएगा या अमेरिका उसे मना नहीं करेगा।

(13) यदि मौसम सुहाना है तथा आसमान साफ है, तो हम तैराकी के लिए जायेंगे तथा नौका विहार के लिए जायेंगे। यह बात नहीं है कि यदि आसमान साफ है तो हम तैराकी के लिए जायेंगे। अतः मौसम सुहाना नहीं है।

(14) यदि मौसम सुहाना है तथा आसमान साफ है, तो या हम तैराकी के लिए जायेंगे तथा नौका विहार के लिए जायेंगे। यह बात नहीं है कि यदि आसमान साफ है तो हम तैराकी के लिए जायेंगे। अतः यदि हम नौका विहार के लिए नहीं जाते हैं तो मौसम सुहाना नहीं है।

(15) यदि मौसम सुहाना है तथा आसमान साफ है, तो या हम तैराकी के लिए जायेंगे

या नौका बिहार के लिए जायेंगे। यह बात नहीं है कि हम तैराकी के लिए नहीं जायेंगे तो आसमान साफ नहीं है। अतः या मौसम सुहाना है या हम नौका विहार के लिए जायेंगे।

5.6 प्रकथन-आकार (*Statement Forms*)

जिस प्रकार किसी भी युक्ति का आकार होता है, उसी प्रकार प्रतीकों का आकार होता है प्रकथन-आकार प्रतीकों का क्रम है जिसमें परिवर्ती प्रकथन (p, q, r आदि) होते हैं और जब परिवर्ती प्रकथनों को प्रकथनों से स्थानापन्न किया जाता है तो परिणाम कोई प्रकथन होता है। यहाँ भी परिवर्ती प्रकथनों के लिए 'p', 'q', 'r', 's' आदि वर्णों का प्रयोग किया जायगा।

उदाहरण—यदि वह आ जायगा तो मैं या तो कोलकाता चला जाऊँगा या बनारस। (क)

यदि 'वह आ जायगा', के लिए 'p', 'मैं कोलकाता चला जाऊँगा' के लिए 'q', तथा 'मैं बनारस चला जाऊँगा' के लिए 'r' का प्रयोग हो तो (1) प्रकथन का रूप होगा—

$p \supset (q \vee r)$ (ख)

'p', 'q', 'r' परिवर्ती प्रकथन हैं। उनके स्थान पर कोई भी प्रकथन स्थानापन्न किया जा सकता है। यदि यहाँ 'p', 'q', 'r' के स्थान पर उपर्युक्त प्रकथनों को स्थानापन्न कर दें तो परिणाम एक प्रकथन(क) होगा। इसलिए(ख) को प्रकथन-आकार कहा जायगा। इस प्रकथन-आकार का प्रतिस्थापित दृष्टांत (क) होगा, जिसका संक्षिप्त रूप है $H \supset (C \vee B)$, यदि 'H' वह आ जाएगा के लिए', 'C' मैं कोलकाता चला जाऊँगा' के लिए और 'B' 'मैं बनारस चला जाऊँगा' के लिए प्रयुक्त हो। वास्तव में $H \supset (C \vee B)$ के लिए '$p \supset q$' आकार भी हो सकता है, पर तब 'q' के स्थान पर '$C \vee B$' स्थानापन्न करना होगा अर्थात् सरल प्रकथन नहीं, एक यौगिक प्रकथन। यदि प्रत्येक परिवर्ती प्रकथन के लिए अलग-अलग प्रकथन का प्रयोग हो तब वह प्रकथन-आकार उसका विशिष्ट आकार कहा जाता है। जैसे— '$H \supset (C \vee B)$' का विशिष्ट आकार '$p \supset (q \vee r)$' है न कि '$p \supset q$'।

5.7 पुनरुक्ति (*Tautology*)

अब दो प्रकथन लिए जायँ—

(i) तेन सिंह हिमलाय की चोटी पर चढ़े (ते)।

(ii) तेन सिंह हिमालय की चोटी पर चढ़े या नहीं चढ़े (ते ∨ ~ ते)।

दोनों ही कथन सत्य हैं, पर पहले कथन की सत्यता अनुभव द्वारा स्थापित किया जा सकता है, वह असत्य भी हो सकता है पर दूसरे प्रकथन की सत्यता अनुभव से स्वतन्त्र रूप से स्थापित किया जा सकता है। 'राम पटना में है' प्रकथन की सत्यता अनुभव के द्वारा अर्थात् देखकर स्थापित की जा सकती है पर 'राम पटना में है या पटना में नहीं है' प्रकथन बिना देखे सत्य होगा; क्योंकि दोनों विकल्पों में एक अवश्य सत्य होगा। उसी प्रकार 'या तो तेन सिंह हिमालय की चोटी पर चढ़े' (ते) सत्य होगा या यदि यह सत्य नहीं हो तो इसका निषेधात्मक प्रकथन 'तेन सिंह हिमालय की चोटी पर नहीं चढ़े' (~ ते) सत्य होगा। अतः 'ते ∨ ~ ते' आवश्यक सत्य है। 'ते ∨ ~ ते' एक आकारिक सत्य है जिसके सभी प्रतिस्थापित दृष्टांत सत्य हैं। **वह प्रकथन-आकार, जिसके सभी प्रतिस्थापित दृष्टांत सत्य हों, पुनरुक्ति(tautology) है।** (ते ∨ ~ ते) का विशेष आकार '$p \vee \sim p$' है जिसे निम्नलिखित

सत्यता-सारणी से पुनरुक्ति सिद्ध किया जाता है:—

p	~ p	p ∨ ~ p
T	F	T
F	T	T

इस सत्यता-सारणी में 'p ∨ ~ p' स्तम्भ में केवल T (सत्य) है। इससे यह स्पष्ट है कि 'p ∨ ~ p' के सभी सम्भव दृष्टांत सत्य हैं। इसलिए कोई भी प्रकथन जो इस पुनरुक्ति का दृष्टांत है आकारिक दृष्टि से सत्य है और एक पुनरुक्ति है।

यदि किसी भी प्रकथन-आकार के सभी सम्भव प्रतिस्थापित दृष्टांत सत्य हों तो वह पुनरुक्ति है।

5.8 व्याघात (*Contradiction*)

फिर, दो प्रकथन लें (i) 'मेहरा हिमालय पर चढ़ा (म)' और (ii) 'मेहरा हिमालय पर चढ़ा नहीं चढ़ा (म • ~ म)'। दोनों ही प्रकथन असत्य है। पहले प्रकथन की असत्यता अनुभव से सिद्ध होती है, पर दूसरे प्रकथन की असत्यता अनुभव से स्वतन्त्र रीति से सिद्ध होती है। प्रकथन 'म • ~ म' आकारिक दृष्टि से असत्य है। इसके सभी दृष्टांत (प्रतिस्थापित) असत्य हैं। एक प्रकथन दूसरे प्रकथन का **व्याघाती (contradictory) है यदि दोनों का एक साथ सत्य होना असम्भव है।** यह निम्नलिखित सत्यता-सारणी से सिद्ध किया जा सकता है। 'म • ~ म' का विशिष्ट आकार है 'p • ~ p'

p	~ p	p • ~ p
T	F	F
F	T	F

इस प्रकथन-आकार (p • ~ p) के सभी दृष्टांत (प्रतिस्थापित) असत्य हैं क्योंकि इस स्तम्भ में केवल 'F' है। 'व्याघात' प्रकथनों के बीच एक सम्बन्ध है। पर कभी-कभी किसी विशेष प्रकथन का सत्य होना तार्किक दृष्टि से असम्भव होता है, तब उस प्रकथन को आत्म-व्याघाती (self-contradictory) कहा जाता है।

अत: कोई प्रकथन-आकार जिसके सभी दृष्टांत असत्य हों व्याघाती है। उसके दृष्टांत अर्थात् प्रकथन भी व्याघाती कहलाते हैं।

5.9 आपातिक (*Contingent*)

वैसे प्रकथन या प्रकथन-आकार जो न पुनरुक्ति हैं न व्याघाती, आपातिक (contingent) कहे जाते हैं। उदाहरणार्थ 'p' या '~ p', या 'p ∨ q', 'p • q', और 'p ⊃ q' प्रकथन-आकार और 'म' या 'म ∨ फ' या 'म • फ' और 'म ⊃ फ' प्रकथन को लें। प्रकथन 'मेहरा हिमालय पर चढ़ा (म)', सत्य हो सकता है या असत्य भी; इसलिए इसके आकार 'p' के दोनों दृष्टांत मिलते हैं, सत्यता तथा असत्यता के। फिर '~ म' या उसका आकार '~ p' भी सत्य या असत्य हो सकता है। यदि 'फनीस हिमालय पर चढ़ा (फ)'

एक प्रकथन है तब 'म ∨ फ' का आकार '$p \vee q$' के सत्य दृष्टांत या असत्य दृष्टांत दोनों हो सकते हैं। इसके सत्यता-सारणी को देंखें—

p	q	p ∨ q
T	T	T
T	F	T
F	T	T
F	F	F

इससे स्पष्ट है कि $p \vee q$ के स्तम्भ में T (सत्य) तथा F (असत्य) दोनों है। वैसे ही म • फ का आकार ($p \cdot q$) है।

p	q	p • q
T	T	T
T	F	F
F	T	F
F	F	F

($p \cdot q$) के स्ताम्भ में T (सत्य) और F (असत्य) दोनों है।

म ⊃ फ का आकार ($p \supset q$) है।

p	q	p ⊃ q
T	T	T
T	F	F
F	T	T
F	F	T

इसमें भी $p \supset q$ के स्तम्भ में T (सत्य) और F (असत्य) दोनों है।

इसलिए **कोई प्रकथन-आकार जिसका कुछ दृष्टांत (प्रतिस्थापित) सत्य हों और कुछ असत्य आपातिक कहा जाता है।** उसके दृष्टांत अर्थात् प्रकथन भी आपातिक होते हैं।

5.10 वस्तुगत समता या तुल्यता (*Material Equivalence*)

यदि दो प्रकथनों के सत्यता-मूल्य समान हों तब उनमें वस्तुगत समता या तुल्यता है। समता या तुल्यता का प्रतीक तीन शिरो रेखा (≡) Bar उन दोनों प्रकथनों के बीच रखा जाता है। जैसे ($p \cdot q$) ≡ ($q \cdot p$)

इस प्रतीक (≡) को निम्न सत्यता-सारणी के द्वारा परिभाषित किया जाता है:—

p	q	p ≡ q
T	T	T
T	F	F
F	T	F
F	F	T

अर्थात् जब पहली पंक्ति में 'p' और 'q' दोनों सत्य हैं और आखिरी पंक्ति में दोनों असत्य, तब '$p \equiv q$' सत्य है पर यदि 'p' और 'q' में **कोई एक सत्य और दूसरा असत्य है, तब '$p \equiv q$' असत्य है।**

तीन सिरों रेखा (≡) को 'यदि और केवल यदि' पढ़ा जा सकता है। $p \equiv q$ के किस्म

के प्रकथन को द्व्यूपाधिक (biconditional) कहा जाता हैं। दो प्रकथन में तार्किक समता या तुल्यता(logical equivalence) है जब कि द्व्यूपाधिक जो वस्तुगत तुल्यता या समता व्यक्त करता है वह पुनरुक्ति हो। द्विनिषेध सिद्धान्त, जो $p \equiv \sim \sim p$ के रूप में व्यक्त होता है, सत्यता-सारणी के द्वारा पुनरुक्ति सिद्ध होता है।

$p \supset (q \supset p)$ एक पुनरुक्ति है।

p	q	$q \supset p$	$p \supset (q \supset p)$	
T	T	T	T	चौथे स्तम्भ में सभी
T	F	T	T	T (सत्य है।
F	T	F	T	
F	F	T	T	

$\sim p \supset (p \supset q)$ भी पुनरुक्ति है।

p	q	$\sim p$	$p \supset q$	$\sim p \supset (p \sim q)$
T	T	F	T	T
T	F	F	F	T
F	T	T	T	T
F	F	T	T	T

$p \supset (q \supset p)$ तथा $\sim p \supset (p \supset q)$ को भाषा के द्वारा ऐसे व्यक्त किया जा सकता है कि 'एक सत्य प्रकथन किसी प्रकथन का आपाद्य है' और 'कोई असत्य प्रकथन किसी प्रकथन का आपादान करता है'। चूँकि $p \supset (q \supset p)$ पुनरुक्ति है, अतः यदि 'p' सत्य है तो वह किसी भी प्रकथन का आपाद्य होगा और $\sim p$ असत्य होगा तो उससे कोई भी प्रकथन आपादित होगा। कुछ विचारकों ने इसे वस्तुगत आपादन का विरोधाभास कहा है। पर वास्तव में यहाँ कोई विरोधाभास नहीं है क्योंकि वस्तुगत आपादन कार्य-करण सम्बन्ध पर या तार्किक सम्बन्ध पर आधारित नहीं है।

p	$\sim p$	$\sim \sim p$	$p \equiv \sim \sim p$	
T	F	T	T	पुनरुक्ति
F	T	F	T	

दो ऐसी तार्किक समताएँ हैं जो संयोजन, वियोजन तथा निषेध के परस्पर सम्बन्ध को व्यक्त करती हैं। चूँकि संयोजन का अभिकथन यह है कि यदि यह सत्य है तो इसके दोनों संयुक्त सत्य है इसलिए इसका निषेध तभी होगा जब कम-से-कम एक संयुक्त असत्य हो। इसलिए संजोवन 'p' • 'q' का निषेध 'p' तथा 'q' के निषेध का वियोजन है अर्थात् $\sim (p \cdot q) \equiv (\sim p \vee \sim q)$।

यह निम्न सत्यता-सारणी से पुनरुक्ति सिद्ध होता है।

p	q	pq	$\sim (p . q)$	$\sim p$	$\sim q$	$\sim p \vee \sim q$	$\sim (pq \equiv (\sim p \vee \sim q)$	
T	T	T	F	F	F	F	T	
T	F	F	T	F	T	T	T	
F	T	F	T	T	F	T	T	पुनरुक्ति
F	F	F	T	T	T	T	T	

इन प्रकथन-आकार के परीक्षण के लिए सत्यता-सारणी बनाने की दूसरी विधि :(विस्तार के लिए आगे देखें)

~	(p	•	q)	≡	(~	P	v	~	q)
F	T	T	T	T	F	T	F	F	T
T	T	F	F	T	F	T	T	T	F
T	F	F	T	T	T	F	T	F	T
T	F	F	F	T	T	F	T	T	F
(1)	(2)	(3)	(4)	(5)	(6)	(7)	(8)	(9)	(10)

स्तम्भ(2), (4), (7), (10)निर्देशक स्तम्भ हैं।(2)और(4)के आधार पर(3) और(3)के अधार पर(1)स्तम्भ भरा गया है। फिर(7)के आधार पर(6)और(10) के आधार पर (9) तथा (6) और (9) के आधार पर (8) भरा गया है। अब (1) और (8) की तुलना करने पर दोनों के समान सत्यता-मूल्य है, इसलिए (5) में सभी में 'T' होगा जो इसे पुनरुक्ति सिद्ध करता है।

इस प्रकार चूँकि वियोज़न का केवल यह अभिकथन है कि कम-से-क़म एक विकल्प सत्य है इसलिए इसके निषेध का अर्थ है कि दोनों विकल्प असत्य हैं। विकल्प सत्य है इसलिए इसके निषेध का अर्थ है कि दोनों विकल्प असत्य हैं।

~(p∨q)≡(~ p• ~ q) ;इसे सत्यता-सारणी से पुनरुक्ति सिद्ध किया जा सकता है।

p	q	p∨q	~(p∨q)	~ p	~ q	(~ p• ~ q)	~(p∨q)≡(~ p• ~ q)	
T	T	T	F	F	F	F	T	
T	F	T	F	F	T	F	T	
F	T	T	F	T	F	F	T	पुनरुक्ति
F	F	F	T	T	T	T	T	

इन दोनों को डी० मार्गन के साध्य (theorems) कहा जाता है। इसके प्रतिपादक आगस्टस डी० मार्गन (1806—1871) हैं।

संक्षेप में

दो प्रकथनों के {संयोजन / वियोजन} का निषेध और उनके {वियोजन / संयोजन}

के निषेध में तार्किक तुल्यता या समता है।

इसलिए ~ (p∨q) और (~ p• ~ q) में तुल्यता है।

अब यदि (p• ~ q) का निषेध किया जाय ~ (p• ~ q) तो डी० मार्गन के साध्य के अनुसार (~ p ∨ ~ ~ q) अर्थात् (~ p ∨ q ≡ q) होगा (~~ q ≡ q)। चूँकि ~ (p• ~ q) 'p⊃q' को परिभाषित करता है इसलिए(~ p∨q) भी उसकी परिभाषा है।

प्रत्येक युक्ति का एक संवादी (corresponding) सोपाधिक प्रकथन होता है जिसका पूर्ववर्ती उस युक्ति के आधार-वाक्यों का संयोजन और अनुवर्ती उस युक्ति का निष्कर्ष होता है। यदि युक्ति वैध है तो वह संवादी सोपाधिक प्रकथन एक पुनरुक्ति होगा।

उदाहरणार्थ

$$p \vee q$$
$$\sim p$$
$$\therefore\ q$$

का संवादी सोपाधिक प्रकथन-आकार $[(p \vee q) \cdot p] \supset q$ होगा जो एक पुनरुक्ति है इसी प्रकार अवैध युक्ति

$$p \supset q$$
$$q$$
$$\therefore\ p$$

का संवादी सोपाधिक प्रकथन-आकार

$[(p \supset q) \cdot q] \supset p$ होगा। पर यह पुनरुक्ति नहीं है।

पुनरुक्ति के नियम के द्वारा भी किसी युक्ति की वैधता की परीक्षा होती है चूँकि कोई युक्ति-आधार तभी वैध होगा जब सत्यता-सारणी में जिन पंक्तियों में दोनों आधार-वाक्य सत्य हों तो निष्कर्ष भी सत्य हो; इसलिए उस युक्ति के संवादी प्रकथन के स्तम्भ में केवल T (सत्य) होगा। F (असत्य) तभी हो सकता है यदि दोनों आधार-वाक्य सत्य हों और निष्कर्ष असत्य(F)। इसलिए यदि कोई युक्ति वैध है तो यह प्रकथन कि उसके दोनों आधार-वाक्यों का संयोजन निष्कर्ष को आपादित करता है, एक पुनरुक्ति है।

5.11 कुछ हल किए हुए प्रश्न

यह निर्णय करने के लिए दिए हुए प्रकथनों में कौन से पुनरुक्ति हैं और कौन व्याघाती या अपातिक, पहले सत्यता-सारणी बनाएँ। फिर,

(i) वैसे प्रकथन जिनके केवल सत्य प्रतिस्थापित दृष्टांत हों, पुनरुक्ति हैं अर्थात् प्रकथन के स्तम्भ में केवल सत्य (T) हो तो पुनरुक्ति है।

(ii) वैसे प्रकथन, जिनके केवल असत्य प्रतिस्थापित दृष्टांत हों, व्याघाती हैं अर्थात् प्रकथन के स्तम्भ में केवल असत्य (F) हो तो व्याघाती हैं।

(iii) वैसे प्रकथन, जिनके सत्य तथा असत्य दोनों प्रतिस्थापित दृष्टांत हों, आपातिक हैं अर्थात् प्रकथन के स्तम्भ में सत्य (T) और असत्य (F) दोनों हो तो आपातिक हैं।

(a) $p \cdot \sim p$

p	$\sim p$	$p \cdot \sim p$
T	F	F
F	T	F

प्रकथन के स्तम्भ में केवल 'F' (असत्य) है अतः यह प्रकथन-आकार व्याघाती है।

(b) $(p \supset \sim p) \cdot (\sim p \supset p)$

p	$\sim p$	$P \supset \sim p$	$\sim p \supset p$	$(p \supset \sim p) \cdot (\sim p \supset p)$
T	F	F	T	F
F	T	T	F	F

इस प्रकथन के स्तम्भ में केवल 'F' (असत्य) है अतः यह व्याघाती है।

(c) $p \supset (p \cdot p)$

p	$p \cdot p$	$p \supset (p \cdot p)$
T	T	T
F	F	T

प्रकथन-आकार के स्तम्भ में केवल 'T' (सत्य) है, अतः यह प्रकथन-आकार पुनरुक्ति है।

(d) [(p ⊃ q) ⊃ q] ⊃ q

p	q	p ⊃ q	[(p ⊃ q) ⊃ q]	[(p ⊃ q) ⊃ q] ⊃ q
T	T	T	T	T
T	F	F	T	F
F	T	T	T	T
F	F	T	F	T

प्रकथन-आकार के स्तम्भ में 'T' (सत्य) और 'F' (असत्य) दोनों हैं, अतः यह प्रकथन-आकार आपातिक है।

(e) (p ⊃ q) ⊃ [~ (q • r) ⊃ ~ (r • p)]

(p ⊃ q) ⊃ [~ (q • r) ⊃ ~ (r • p)]

p	q	r	q • r	~ (q • r)	(r • p)	~ (r • p)	[~ (q • r) ⊃ ~ (r • q)]	p ⊃ q	↓
T	T	T	T	F	T	F	T	T	T
T	T	F	F	T	F	T	T	T	T
T	F	T	F	T	T	F	F	F	T
T	F	F	F	T	F	T	T	F	T
F	T	T	T	F	F	T	T	T	T
F	T	F	F	T	F	T	T	T	T
F	F	T	F	T	F	T	T	T	T
F	F	F	F	T	F	T	T	T	T

प्रकथन-आकार के सभी स्तम्भों में 'T' (सत्य) है, अतः यह पुनरुक्ति है।

तार्किक समता की सत्यता-सारणी

तार्किक समता का निर्णय करने के लिए तीन प्रकार से सत्यता-सारणी बनाई जाती है पर तीनों में देखना यह है कि दोनों प्रकथनों का सत्यता-मूल्य समान हो अर्थात् दोनों या तो सत्य हों या असत्य।

कुछ हल किए हुए प्रश्न

(i) प्रचलित सत्यता-सारणी

(a) (p ⊃ q) ≡ (~ p ⊃ ~ q)

p	q	p ⊃ q √	~ p	~ q	~ p ⊃ ~ q √	p ⊃ q ≡ (~ p ⊃ ~ q)
T	T	T	F	F	T	T
T	F	F	F	T	T	F
F	T	T	T	F	F	F
F	F	T	T	T	T	T

दोनों प्रकथन-आकारों में समता नहीं है; पंक्ति दो और तीन में दोनों प्रकथन आकारों के मूल्य भिन्न हैं।

(b) $[(pq) \supset r] \equiv [p \supset (p \supset r)]$

√ √

p	q	r	p•q	(p•q) ⊃ r	q ⊃ r	p ⊃ (q ⊃ r)	[(p•q) ⊃ r] ≡ [p ⊃ (p ⊃ r)]
T	T	T	T	T	T	T	T
T	T	F	T	F	F	F	T
T	F	T	F	T	T	T	T
T	F	F	F	T	T	T	T
F	T	T	F	T	T	T	T
F	T	F	F	T	F	T	T
F	F	T	F	T	T	T	T
F	F	F	F	T	T	T	T

दोनों प्रकथन-आकारों के सत्यता-मूल्य समान हैं, अतः उनमें तार्किक समता है।

(c) $P \equiv [p \cdot (q \supset p)]$

√ √

p	q	q ⊃ p	p•(q ⊃ p)	p ≡ [p•(q ⊃ p)]
T	T	T	T	T
T	F	T	T	T
F	T	F	F	T
F	F	T	F	T

दोनों प्रकथन-आकारों के सत्यता-मूल्य समान हैं, अतः दोनों में तार्किक समता है।

(d) $(p \equiv q) \equiv [(p \cdot q) \vee (\sim p \cdot \sim q)]$

√

p	q	p≡q	p•q	~p	~q	(~p•~q)	[p•q) v (~p•~q)]	(p≡q) ≡ [(p•q) v (~p•~q)]
T	T	T	T	F	F	F	T	T
T	F	F	F	F	T	F	F	T
F	T	F	F	T	F	F	F	T
F	F	T	F	T	T	T	T	T

दोनों प्रकथन-आकारों के सत्यता-मूल्य समान हैं, अतः उनमें तार्किक समता है।

(ii) दूसरी विधि

सरलता के लिए दोनों प्रकथन-आकारों की सत्यता-सारणी अलग-अलग बनाई जा सकती है और अन्त में दोनों के सत्यता-मूल्य की तुलना कर समता है या नहीं इसकी परीक्षा की जा सकती है।

$[p \cdot (q \vee r)] \equiv [(p \cdot q) \vee (p \cdot r)]$

पहले बायीं या दायीं ओर के प्रकथन p•(q∨r) की सत्यता-सारणी

(a)

p	q	r	q∨r	p•(q∨r)√	
T	T	T	T	T	
T	T	F	T	T	(1)
T	F	T	T	T	
T	F	F	F	F	
F	T	T	T	F	
F	T	F	T	F	
F	F	T	T	F	
F	F	F	F	F	

(b) फिर दूसरे प्रकथन (p•q)∨(p•r) की सत्यता-सारणी

p	q	r	p•q	p•r	(p•q)∨(p•r)√	
T	T	T	T	T	T	
T	T	F	T	F	T	(2)
T	F	T	F	T	T	
T	F	F	F	F	F	
F	T	T	F	F	F	
F	T	F	F	F	F	
F	F	T	F	F	F	
F	F	F	F	F	F	

अब दोनों प्रकथन-आकारों के सत्यता-मूल्य की तुलना करने पर दोनों सत्य या दोनों असत्य हैं, अतः उनमें समता है।

(iii) तीसरी सरल विधि

सत्यता-सारणी की रचना में जितने परिवर्ती या प्रतीक, प्रकथन में जिस क्रम में हों उन्हें अलग-अलग स्तम्भों के ऊपर अंकित करें। अब परिवर्ती प्रकथनों का स्तम्भ ही निर्देशक स्तम्भ होता है। उन स्तम्भों में 'T' या 'F' पहली विधि के अनुसार अंकित करें। नीचे उदाहरण (a) में निर्देशक स्तम्भ (1), (3), (6) और (9) हैं। स्तम्भ (2), (1) तथा (3) के निर्देश से भरेगा; (5), (6) के तथा (8), (9) के निर्देश से। फिर (7), (5) और (8) के निर्देश से भरेगा। अब स्तम्भ (2) तथा (7) जो सबसे अन्त में भरे गए, की तुलना करें। दोनों के मूल्य समान हैं। यदि एक सत्य (T) है तो दूसरा भी और यदि एक असत्य (F) है तो दूसरा भी। इसलिए स्तम्भ (4) जो समानता का संकेत करता है उसमें T भर दें। दोनों प्रकथन-आकारों में तार्किक तुल्यता है।

मान लें कि प्रकथन [(p ⊃ q)•r] ≡ [p ⊃ (q•r)] हो तब 'p', 'q', 'r' तथा '⊃' इत्यादि के बीच जगह छोड़कर जैसे दिया हुआ है उसी क्रम में लिखें। कोष्ठकों को भी लिखें।

[(p ⊃ q)•r] ≡ [p ⊃ q • r)]।

अब 'p' 'q' 'r' निर्देशक स्तम्भ है। उनके नीचे दोनों ओर 'T' 'F' पहली विधि के अनुसार लिखें। फिर कोष्ठकों के अन्दर की अभिव्यक्ति का मूल्य निकालें। जिस प्रतीक का दोनों ओर सबसे अन्त में मूल्य निकालते हों उनकी तुलना करें। यदि एक 'T' है तो दूसरा भी 'T' है और एक 'F' हो तो दूसरा भी 'F' है, तब दोनों में समता है। समता के प्रतीक के नीचे 'T' अंकित कर दें—

कुछ हल किए हुए प्रश्न

(a) $(p \supset q) \equiv (\sim q \supset \sim p)$

(p	⊃	q)	≡	(~	q	⊃	~	(p)
T	T	T	T	F	T	T	F	T
T	F	F	T	T	F	F	F	T
F	T	T	T	F	T	T	T	F
F	T	F	T	T	F	T	T	F
(1)	(2)	(3)	(4)	(5)	(6)	(7)	(8)	(9)

दोनों प्रकथन-आकरों के सत्यता-मूल्य समान हैं, अतः उनमें तार्किक समता है।

(b) $[p \cdot (q \vee r)] \equiv [(p \cdot q) \vee (p \cdot r)]$

[p	•	(q	v	r)]	≡	[(p	•	q]	v	(p	•	r)]
T	T	T	T	T	T	T	T	T	T	T	T	T
T	T	T	T	F	T	T	T	T	T	T	F	F
T	T	F	T	T	T	T	F	F	T	T	T	T
T	F	F	F	F	T	T	F	F	F	T	F	F
F	F	T	T	T	T	F	F	T	F	F	F	T
F	F	T	T	F	T	F	F	T	F	F	F	F
F	F	F	T	T	T	F	F	F	F	F	F	T
F	F	F	F	F	T	F	F	F	F	F	F	F
	√								√			
(1)	(2)	(3)	(4)	(5)	(6)	(7)	(8)	(9)	(10)	(11)	(12)	(13)

दोनों प्रकथन-आकरों के सत्यता-मूल्य समान हैं, अतः उनमें तार्किक समता है।

5.12 अभ्यास

1. सत्यता-सारणी का प्रयोग कर यह बताएँ कि निम्नलिखित प्रकथन-आकारों में कौन से पुनरुक्ति या व्याघाती या आपातिक हैं।

1. $q \supset (q \supset q)$
2. $(q \supset q) \supset q$
3. $(p \supset \sim p) \cdot (p \supset p)$
4. $(q \cdot p) \supset p$
5. $(p \supset q) \supset [\sim (q \cdot r) \supset \sim (r \sim p)]$
6. $[(p \supset q) \supset p] \supset p$
7. $(p \cdot p) \supset (p \vee p)$

8. $(p \cdot p) \supset (\sim p \cdot \sim p)$
9. $(p \cdot \sim p) \cdot (q \cdot \sim q)$
10. $(p \vee p) \supset (p \vee p)$

2 सत्यता-सारणी का प्रयोग कर यह निर्णय करें कि निम्नलिखित में किन-किन में तार्किक समता है—

1. $(p \supset q) \equiv (\sim p \supset \sim q)$
2. $(p \cdot q) \equiv (\sim p \cdot \sim q)$
3. $(p \vee q) \equiv (\sim p \vee \sim q)$
4. $[p \supset (q \supset r)] \equiv [(p \supset q) \supset r]$
5. $[p \cdot (q \vee p)] \equiv [(p \cdot q) \vee p]$
6. $p \equiv [p \cdot (p \supset q)]$
7. $(p \cdot \sim p) \equiv (\sim p \cdot p)$
8. $p \equiv [p \cdot (q \supset p)]$
9. $(p \equiv q) \equiv [(p \cdot q) \vee (\sim p \cdot \sim q)]$
10. $[(p \cdot q) \supset r] \equiv [p \supset (p \supset r)]$।

3. निम्नलिखित पर टिप्पणियाँ लिखिएः—

(क) तार्किक सादृश्य के आधार पर खण्डन
(a) Refutation by logical analogy
(ख) युक्ति और युक्ति-आकार
(b) Argument and argument form
(ग) प्रकथन परिवर्ती
(c) Statement Variable
(घ) विशिष्ट आकार
(d) Specific form
(ङ) प्रतिस्थापित दृष्टांत
(e) Substitution instance
(च) पुनरुक्ति, व्याघातक तथा आपातिक
(f) Tautology, Contradictory and Contingent
(छ) वस्तुगत समता
(g) Material equivalence
(ज) द्विव्युपाधिक
(h) Biconditional
(झ) वस्तुगत आपादन का विरोधाभास
(i) Paradox of material implication

वस्तुनिष्ठ प्रश्न

1. निम्नलिखित में से कौन-एक $A \vee B / \sim A / \therefore / B$ का विशिष्ट युक्ति-आकार है?

(क) $p \bullet q / \sim p / \therefore q$ (ख) $p \supset q / q / \therefore p$

(ग) $p \vee q / \therefore q \vee p$ (घ) $p \vee q / \sim p / \therefore q$।

Which on of the following is the specific form of $A \vee B / \sim A / \therefore B$

(a) $p \bullet q / \sim p / \backslash q$ (b) $p \supset q / q / \therefore p$

(c) $p \vee q / \therefore q \vee p$ (d) $p \vee q / \sim p / \therefore q$

2. निम्नलिखित में से किस-एक नियम से q, $(p \supset q) \bullet (r \supset q) / p \vee r$ आधार-वाक्यों से निष्कर्ष रूप में निकाला जा सकता है?

(क) विधायक हेतुफलानुमान (ख) निषेधक फलानुमान

(ग) हेत्वाश्रित न्याय (घ) विधायक द्विविधा।

By which one of the following rules can the conclusion q be drawn from premises $(p \supset q) \bullet (r \supset q) / p \vee r$?

(a) Modus ponens (b) Modus Tollens

(c) Hypothetical syllogism (d) Constructive Dilemma.

3. निम्नलिखित प्रकथन-आकारों में कौन-एक में वस्तुगत समता है?

(क) $(p \supset q) \equiv (\sim p \supset \sim q)$ (ख) $p \equiv [p \bullet (q \supset p)]$

(ग) $(p \supset q) \equiv (\sim q \supset \sim p)$ (घ) इनमें से कोई नहीं।

Which one of the following statements forms is materially equivalent ?

(a) $(p \supset q) \equiv (\sim p \supset \sim q)$ (b) $p \equiv [p \bullet (q \supset p)]$

(c) $(p \supset q) \equiv (\sim q \supset \sim p)$ (d) None of the above.

4. निम्नलिखित प्रकथन-आकारों में कौन-एक आपातिक है।

(क) $P \supset \sim p$ (ख) $(p \supset \sim p) \bullet (\sim p \supset p)$

(ग) $p \supset (p \supset p)$ (घ) उपर्युक्त में से कोई नहीं।

Which one of the following statement forms is contingent?

(a) $P \supset \sim p$ (b) $(p \supset \sim p) \bullet (\sim p \supset p)$

(c) $p \supset (p \supset p)$ (d) None of the above.

5. निम्नलिखित प्रकथन-आकारों में कौन-एक पुनरुक्ति है?

(क) $p \supset \sim p$ (ख) $(p \supset \sim p) \bullet (\sim p \supset p)$

(ग) $p \supset (p \supset p)$ (घ) उपर्युक्त में से कोई नहीं।

Which on of the following statement forms is tautologous ?

(a) $p \supset \sim p$ (b) $(p \supset \sim p) \bullet (\sim p \supset p)$

(c) $p \supset (p \supset p)$ (d) None of the above.

6. निम्नलिखित प्रकथन आकारों में कौन-एक विरोधात्मक है?

(क) $p \supset \sim p$ (ख) $(p \supset \sim p) \cdot (\sim p \supset p)$

(ग) $p \supset (p \supset p)$ (घ) उपर्युक्त में से कोई नहीं।

Which one of the following statement forms is contradictory ?

(a) $p \supset \sim p$ (b) $(p \supset \sim p) \cdot (\sim p \supset p)$

(c) $p \supset (p \supset p)$ (d) None of the above.